本书是国家社科基金重大项目（14ZDC015）
司法部国家法治与法学理论课题（13SFB2041）
重庆市社会科学规划项目（2014YBFX104）
重庆市教委"十二五"规划项目（2012-GX-098）
西南政法大学"两江学者"团队研究课题的阶段性研究成果

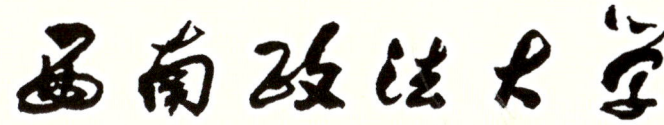

李昌麒 张怡 总主编

推进国家治理现代化背景下财政法治热点问题研究

Essays on the Hot Issues of Finance Legalization under the Background of the Modernization of State Governance

陈治/著

丛书总序

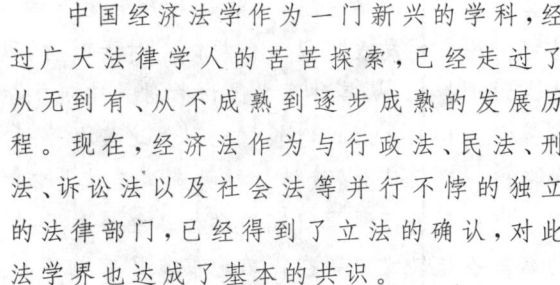

中国经济法学作为一门新兴的学科,经过广大法律学人的苦苦探索,已经走过了从无到有、从不成熟到逐步成熟的发展历程。现在,经济法作为与行政法、民法、刑法、诉讼法以及社会法等并行不悖的独立的法律部门,已经得到了立法的确认,对此法学界也达成了基本的共识。

20余年来,广大法律学人坚持改革开放路线,紧扣时代脉搏,围绕着经济建设这个中心环节,把经济法理论和实践扎根于我国现实的经济土壤之中,并借鉴其他市场经济国家在法制实践中所形成的共同的法律文化,辛勤耕耘,求实创新,不断开拓进取,使经济法学在我国法学百花丛中蓓蕾初绽,繁花似锦,硕果累累。这极大地促进了我国经济法理论和实践的发展,推动了整个中国法学的繁荣,并为世界法学界所瞩目。但是,经济法作为一门发展中的学科,仍然存在着许多不成熟的地方,还需要广大的法律学人更多地培育,才能使它更好地成长。正是怀着这样一种愿望,西南政法大学经济法学科作为教育部确立的国家级高等学校重点学科点,一方面想为广大经济法理论和实务工作者展示学术研究成果和进行学术交流提供一个平台,另一方面也想为西南政法大学经济法学科建设开辟一个新的学术阵地,为此,我们与厦门

大学出版社共同策划出版《西南政法大学经济法学系列》。

对于怎样编辑这套丛书,我们除了遵循学术性、实践性和开放性的宗旨之外,还有一个重要的思考,就是要使这套丛书能够适应经济法理论界、实务界和教学界等多方面的需要,力求使本丛书以其广泛的适应性以飨读者。因此,本丛书拟由三个部分构成,既包括学术专著,又包括教材和案例。学术专著主要来源于经济法博士论文。考虑到我国现在有七个经济法博士授权点,每年都要产出一批具有一定开拓性、前沿性和创新性的优秀博士论文,如果这些成果尘封在作者的抽屉里,无疑是对知识财产的一种浪费。这套丛书可以为这些博士论文的发表提供一个载体。对于教材,我们是这样思考的:学生知识首先来源于教材,从某种意义上讲教材是构筑学生知识大厦的基石,没有理由不重视它。我们之所以把教材也列为这套丛书的重要组成部分,也正是基于这种考虑。我们认为,教材与科研应该是彼此依赖、相辅相成的,教材的写作过程也应当是进行科学研究的过程。经济法作为一门新兴的法学学科,其教材的编写不能仅仅停留在简单地重复已有的教材内容的基础上,要力图避免编写那些没有任何新意和创见的"拼凑式"的教材。因此,本丛书将按照这个原则选择或者组织出版那些适合本科生和研究生研习的优秀教材。对于案例,我们考虑到:从总体上讲,问世的经济法案例与其他法学学科问世的案例相比,仍然嫌少,以致在教学和实践中,很难找到足够的经济法案例。为此,我们将有意识地采取教师与实际部门人员相结合的办法,将现实生活中存在的大量的、鲜活的、具有典型意义的经济法案例精选成册,其形式既可以是案例评析,也可以是案例教程,以此弥补过去运用案例进行经济法教学之不足。

需要说明的是,本《经济法学系列》含涉外经济法系列,它将以专集的形式出版;本丛书中各种类型的著述的出版并不完全按照经济法学体系结构的顺序出版,而是成熟一部,出版一部。我们热忱地欢迎全国的经济法学同仁们惠赐佳作,为经济法学的进一步发展和繁荣,携手共进!

李昌麒
2005 年元月于重庆

序

自2013年以来,中国财政法治领域的改革进入了一个全新阶段,一系列重大纲领性文件在这一阶段密集出台,若干法律规范同样在这一阶段完成修订或者通过制定新的规则适应实践发展需要。2013年《中共中央关于全面深化改革若干重大问题的决定》开启了财政法治改革的序幕,"财政是国家治理的基础和重要支柱,科学的财税体制是优化资源配置、维护市场统一、促进社会公平、实现国家长治久安的制度保障"的基本定位为在国家治理层面推动财政法治改革提供了新动力,同时,建立跨年度预算平衡机制、调整赤字控制重心、控制法定支出等政策主张为进一步寻求财政法治创新提供了突破口。继而,《深化财税体制改革总体方案》提出"改革预算管理制度"、"深化税收制度改革"、"调整中央和地方政府间财政关系"三大改革任务,《关于全面推进依法治国若干重大问题的决定》提出"推进各级政府事权规范化、法律化,完善不同层级政府特别是中央和地方政府事权法律制度"作为推进依法行政、建设法治政府的重要内容。在此过程中,历经三届人大,启动四次审议,最终完成立法修订的《中华人民共和国预算法》无疑是其中一项重大的改革成果,其立法宗旨是"建立健全全面规范、公开透明的预算制度",这亦将成为统领预算相关领域改革的总指南。国务院在《预算法》修订基础上制定的《关于深化预算管理制度改革的决定》《关于加强地方政府性债务管理的意见》,从相对微观且更具可操作性的层面针对预算法治完善与地方债管理建构了法律保障机制。2015年第十二届全国人民代表大会第三次会议通过《关于修改〈中华人民共和国立法法〉的决定》,明确规定"税种的设立、税率的确定和税收征收管理等税收基本制度"只能制定法律,从而为全面落实税收法定提供了新的依据。

本书的研究正是基于上述财政法治领域出现的若干新政策、新规范、新理念而进行的。为此,笔者选择了预算法定、人大预算监督、公众参与预算、财政法律救济、政府间事权划分、财税调控法律规制、迈向国家治理时代的预算法治完善、国家治理法治化与财政法治完善等专题进行了探讨,借此对我国财政预算法治改革现状及其发展趋势提出自己的看法。不成熟之处敬请学界前辈及同仁批评指正。

本书是国家社科基金支持的研究阐释党的十八届四中全会精神重大课题项目"国家治理现代化视角下预算法治化研究"（14ZDC015）、司法部国家法治与法学理论课题（13SFB2041）、重庆市社会科学规划项目（2014YBFX104）、西南政法大学"两江学者"团队研究课题、重庆市教委"十二五"规划项目（2012-GX-098）的阶段性研究成果，感谢上述项目对本书出版的资助。感谢厦门大学出版社邓臻编辑及其他工作人员为本书出版付出的辛勤劳动。

陈 治

2015年元月

目录 CONTENT

第一章 预算法定的困境与出路 /1

一、预算法定的历史蕴涵及其三大支柱——支出控制的基本原则 …… 2
二、预算法定的现实困境与制度根源:支出控制原则面临冲击 …… 5
三、实现预算法定的制度重建:预算弹性机制之引入 …… 12
四、我国实现预算法定的路径:《预算法》弹性机制之构建 …… 15

第二章 人大预算监督法律问题研究 /21

一、人大预算监督的基本制度框架 …… 21
二、人大预算监督存在的局限以及新《预算法》的因应 …… 22
三、人大预算监督法律制度的完善 …… 25

第三章 财政运行中的公众参与及其法治保障 /36

一、财政运行中公众参与的动因 …… 36
二、财政运行中公众参与的类型与制度供给的现状 …… 40
三、完善财政运行中公众参与的法治路径
　　——基于整体性的研究视角 …… 48

第四章 实施民生财政的法律救济 /54

一、法律救济之于民生财政的价值关联 …… 54
二、法律救济的一般逻辑与财政法律救济的特殊困境 …… 57
三、实施民生财政法律救济的典型进路及其启示 …… 60

四、我国实施民生财政的法律救济机制建构……………………………… 63

第五章　民生保障的事权划分法律机制研究/70

一、民生保障事权划分的体制背景：财政体制的变迁 …………………… 70
二、民生保障事权划分的制度现状及局限 ………………………………… 76
三、民生保障事权划分法律机制的构建 …………………………………… 82

第六章　财税调控的法律规制研究/88

一、问题的引出 ……………………………………………………………… 88
二、财税调控法律制度框架及其改革动向 ………………………………… 89
三、财税调控存在的主要法律争议 ………………………………………… 98
四、实现财税调控法治化的对策建议 ……………………………………… 103

第七章　迈向国家治理时代的预算法治完善研究

————兼评新修订的《中华人民共和国预算法》………………… 108
一、治理观点及其蕴含的预算改革要求 …………………………………… 109
二、新修订《预算法》的整体评价：以实现规范治理为中心 …………… 114
三、因应治理要求的预算法治变迁路径 …………………………………… 121
四、实现良好治理的法律工具——预算法治的发展定位 ………………… 126

第八章　国家治理法治化与财政法治的完善/135

一、国家治理理念及其与财政运行过程的契合 …………………………… 135
二、国家治理法治化的必要性分析 ………………………………………… 138
三、实现国家治理有赖于财政立宪制度确定国家治理的行动边界 ……… 139
四、实现国家治理有赖于财政分权制度厘清国家治理的主体体系 ……… 141
五、实现国家治理有赖于财政管理问责制度
　　强化国家治理的监督救济 …………………………………………… 142

第一章
预算法定的困境与出路

预算是作为控制政府支出增长的手段出现的。这种观念促成了预算法定在各国预算法上的确立。所谓预算法定，概言之，即"无预算无支出"，它强调预算是支出的依据，预算经议会批准通过之后就具有法定效力，政府只能在预算范围内执行，不得擅自改变，尤其是不得突破预算规定的支出限额。由于预算是政府行政的物质基础和现实保障，控制了预算也就意味着控制了政府行政的权力根基，因此，预算天然具有民主控权的意义，预算法定成为实现预算民主的一种重要方式。在此背景下，一系列旨在控制政府支出的原则开始形成，如要求政府收支全部纳入预算的全面性原则、保证预算年度编制年度审批的可预见性原则、旨在控制财政赤字与公债发行的平衡性原则等。然而，在当代社会，受"给付行政"、"福利行政"等观念的影响，行政权的膨胀成为一种普遍趋势，其显著的标志便是政府支出大幅增长。预算的制定不但没有实现控制政府支出的目的，相反还成为"一个推动政府扩张并使之理性化和合法化的工具"。① 预算法定及其相关控制原则面临失效的困境。对此，有学者主张回归预算控权的本质，并从财政立宪的高度强化对政府财政收支权力的约束；也有学者主张"预算适应环境突发事件的压力需要有弹性"，②应当改变预算仅仅反映"过去的选择而不是将来的需要"的状况，使政策制定者"有一定的弹性去重新指导从缓到急需求的支出，从而使收入和支出的关系更加紧密"。③ 观念的分歧集中于预算权力究竟应当如何配置，法治改革是应当强化预算控权还是扩大预算授权？反映预算权力格局的预算法定究竟何去何从，是注重协

---

① ［美］卡恩：《预算民主：美国的国家建设与公民权》，叶娟丽等译，上海人民出版社2008年版，第93页。

② 朱大旗：《从国家预算的特质论我国〈预算法〉修订的目的和原则》，载《中国法学》2005年第1期。

③ ［美］阿尔伯特·C. 海迪等：《公共预算经典（第二卷）——现代预算之路》（第三版），苟艳楠、董静译，上海财经大学出版社2006年版，第117页。

调预算与现实的矛盾,因应时代发展的需要,还是恪守其固有的"古典教义",保持预算自身的收支平衡?预算法定又能否走出困境获得重生?

从世界范围看,尽管仍然存在有关改革方向的争论,但是在制度建构上已经开始积极尝试,即寻求将预算法定的约束力与现实发展的诉求联系起来。描绘出我国未来改革路线图的中共十八届三中全会《中共中央关于全面深化改革若干重大问题的决定》为实现预算法定提供了新的思路,其提出的预算审查重心转移、法定支出控制、建立跨年度预算平衡、规范地方政府发债等观点,既切合我国现实发展的需求,也符合国际预算法治发展的基本趋势;于2014年8月经全国人大修订通过的《预算法》亦在强化预算约束力与适应现实发展之间找寻平衡空间,但仍有亟待完善之处。

一、预算法定的历史蕴涵及其三大支柱
——支出控制的基本原则

预算法定的形成根源于预算本身的目的——"旨在控制国王和政府的财政支出",因此当预算被用作公共资源的分配方式时,预算法定的观念便随之产生。① 早在13世纪,英国就形成了议会对政府支出授权、政府向议会汇报费用支出方式的预算法定的雏形。此后,其他国家也相继在宪法或法律中确立了预算法定。一般认为预算法定包含以下几层意思:一是预算的形成及运作过程受到法律约束,即预算的要素法定、预算的程序法定、预算的责任法定;二是预算必须提交立法机关审议,一经通过就具有法律效力,成为各级政府及其部门在财政年度内安排各项支出的依据;三是对于已通过的政府预算,未经法定程序,任何主体都无权擅自改变;四是在特殊情况下,需要增加支出或变更既定支出的用途,必须得到立法机关的批准。预算法定意味着预算本身相当于法律,具有严格的约束效力。当然,不同类型的预算——收入预算与支出

---

① 翟继光:《财政法学基本原理》,经济管理出版社2011年版,第45页。

预算——在效力上有所差异:收入预算并不能单独赋予政府强制性征收的权限,①支出预算才是预算法定效力的集中体现。因此,所谓预算法定主要是针对支出预算而言的,它的效力具体体现在两个方面:一是"向行政机关发布它必须予以执行的命令",②从这一意义出发,预算实际上是一些授予政府权力并要求其运用所掌握的资源达致一定目的的行动指令;二是通过审批预算编制与监督预算执行将政府的支出行为控制在预算之内,"公共预算是要将政府支出限制在政府可能获得的收入之内来防止透支,从而确保平衡"。③ 在这一意义上,预算被赋予了控权的功能。不仅支出金额、支出目的、支出期间、支出优先性顺序等都必须按照预算规定执行,而且事后如要增加支出总额,也必须经一定程序重新编制预算调整案并提交立法机关审批。

为确保预算法定,各国预算法或宪法上规定了一系列支出控制原则,包括全面性原则、可预见性原则、平衡性原则等。④ 全面性原则亦称为完整性原则,是指将政府的所有财政支出全部纳入预算控制范围。如英国《统一基金法》规定建立统一基金账户,要求政府的全部收入和支出都通过该统一基金账户进行;美国《1906年反缺陷法案》⑤规定"不能做出或授权做出超出拨款法案或基金规定数额的开支或债务",其联邦宪法还规定"除了依照法律的规定拨款以外,不得自国库中提出任何款项;一切公款收支的报告和账目,应经常公布";法国宪法规定任何公用开支在未经国民代表同意的情况下不能确立;日

---

① 台湾大学蔡茂寅教授对此有专门论述。他认为"收入预算只是对特定年度内国家收入的预估,既非命令征收机关应当获取预算金额之收入,亦非准许征收机关只获取预算金额之收入即为已足"。参见蔡茂寅:《预算法之原理》,台湾元照出版有限公司2008年版,第77页。

② [美]哈耶克:《法律、立法与自由》(第一卷),邓正来等译,中国大百科全书出版社2000年版,第214页。

③ [美]爱伦·鲁宾:《公共预算中的政治:收入与支出,借贷与平衡》,叶娟丽、马骏译,中国人民大学出版社2001年版,第1页。

④ 除了所列举的这些原则外,有关预算原则的观点还包括公开透明原则、审计原则等,但考虑到这些原则与支出控制的关联程度不如上述列举的原则,因此,不在此作具体讨论。有关预算原则的讨论参见马骏、赵早早:《公共预算:比较研究》,中央编译出版社2011年版,第14~15页。

⑤ 该法案是由三个相对独立的部分(法令)所组成,后经数次修改,现编纂在《美国联邦法典》中。参见张志超等:《美国政府绩效预算的理论与实践》,中国财政经济出版社2006年版,第69页。

本财政法规定"年度收支必须全部列入预算"。可预见性原则是指尽可能正确估算未来一定时期内的预计支出,确保政府的财政支出在该时期内保持与预算的一致,注重对投入的控制和减少预算执行中的变动,防止支出超过预算总额。体现这一原则的是年度预算制度与预算调整审批制度,前者限定了经授权在未来进行支出的特定时期,后者是对预算执行中的支出变动预先设定了审批控制机制。如韩国宪法规定"政府必须编制每会计年度的预算案";澳大利亚财政法规定政府行政部门出现未料到的紧急情况需要追加预算时,首先启动行政内部的决策程序,如果需要增加预算总支出的,则必须提交立法机关审议。平衡性原则是与年度预算相联系的,是指财政年度内的财政收入与支出之间的平衡,支出不能明显超过收入。平衡性原则要解决的核心问题是赤字和公债。因此,一些国家的平衡预算立法主要针对的也是如何削减赤字以及如何控制公债发行的问题。如美国《平衡预算与紧急赤字控制法》"创设了一系列每年能够实现的赤字削减目标,以期在5个财政年度内达到预算平衡。倘若国会和总统不能在采取什么措施来削减开支或提高岁入以实现既定目标的问题上达成共识,那么自动削减(扣押)条款将按照有关规定削减国内、国防以及外交事务的拨款"[①]。

我国《预算法》修订之前除了规定体现可预见性原则的年度预算、预算调整审批制度和体现平衡性原则的禁止赤字、控制公债之外,实现预算法定的重要一环——全面预算原则并未完全建立,这也是《预算法》颁布实施以来饱受诟病的地方。《预算法》修订后,在其立法宗旨中明确规定"建立全面规范、公开透明的预算制度",并要求"政府的全部收入和支出都应当纳入预算",从而使支撑预算法定的原则体系在形式上趋于完整。但是四本预算——一般公共预算、政府性基金预算、国有资本经营预算、社会保险基金预算并存的格局仍然对全面性规制提出了挑战。更为重要的是,正如下文所述,在这些具有控制取向的原则体系尚未牢固建立的背景下,我国已经面临和那些具备一整套支出控制制度的国家相似的问题——预算法定与现实发展的矛盾。预算法定所存在的现实困境以及种种改革迹象表明我们不能简单回归传统的控制原则,而是应当有所变化。

---

① [美]库珀等:《二十一世纪的公共行政:挑战与改革》,王巧玲等译,中国人民大学出版社2006年版,第318页。

二、预算法定的现实困境与制度根源：
   支出控制原则面临冲击

应当说，预算法定在设立之初被赋予的控权内涵以及建立的相关控制原则在相当长的时期内发挥了其应有功能。然而基于各种外部因素的作用，预算法定已经面临失效的困境——预算对政府支出失去约束效力，形成了大量预算外支出或预算赤字。这些外部因素包括：公共政策观念的变迁以及伴随而来的福利国家的兴起，带来了法定支出增长不受预算控制的问题；管理主义的渗透以及预算编制技术的日益复杂，带来了议会与政府间预算权力的实质倾斜的问题；经济危机、突发事件乃至战争的刺激，带来了预算安排遭到频繁变动甚至在预算外调度公共资源的问题。正是基于此，公共预算领域负有盛名的研究学者阿伦·威尔达夫斯基不无哀叹地表示"在 19 世纪建立的预算准则已经开始变化。社会福利国家、全民动员的战争、理财技术的变革以及'富人的社会主义运动'已经把传统预算转变成一个到目前为止无法辨认的新形式"。[①]

上述因素不约而同地冲击了既有的支出控制原则，使支出大幅增长，并最终导致预算法定失效。

(一)对全面性原则的冲击

法定支出、政策性支出以及应急性支出是冲击全面性原则的三大力量。

1. 法定支出

它是预算之外由法律法规乃至规范性文件授权进行的支出，不受年度预算拨款程序的限制，在预算中体现为预期支付或者强制性支付。主要有三种形式：第一种是与公民权利有关的支出，比如社会保障补贴和各种救助，这是西方福利国家政府支出中最重要的一部分——接近全部政府支出的 50%，[②]

[①] [美]阿伦·威尔达夫斯基：《预算与治理》，苟燕楠译，上海财经大学出版社 2010 年版，第 223 页。

[②] [美]维托·坦齐、[德]卢德格尔·舒克内希特：《20 世纪的公共支出：全球视野》，胡家勇译，商务印书馆 2005 年版，第 41 页。

也就是说,在这些国家"一半以上的公共支出不是采用拨款预算的形式,而是采用所谓的'国库预算'(treasury budgeting)","因为它避开了拨款委员会,倾向于通过国库自动支付";①第二种是与国民经济发展或财政收入的增长挂钩的支出,比如要求某项支出与财政收入保持同等或者更高的增长幅度,这在我国近年来颁布的一些具有扶持性、引导性的法律中较为常见;②第三种是在政府间安排的强制性预算外支出,这主要是指在我国依靠行政权威实施的政府间横向支出,最为典型的是"对口支援"③,这种做法既缺乏预算授权,亦不具有法律层面的依据。

2. 政策性支出

它是预算之外基于公共政策的目的进行的支出,其可控性因授权依据的不特定性而进一步削弱。典型形式有税式支出与财政担保。税式支出是相对于日常支出而言的,它将政府本应收取的税收通过优惠减免的方式让渡给纳税人,这与将税收征缴后通过预算再拨付的支出方式在性质和作用上基本相同。但是"它(税式支出)不是预算的一个正式部分,它们也不计算在总支出或赤字规模内。因此,这些税收并不出现在预算中"④。在我国的政府支出实践中,将税式支出作为一种宏观调控措施运用于符合国家政策导向的产业、行业的做法非常普遍,但是除了少量的税式支出是依据特定法律法规(主要是涉及单一税种的法律法规)进行外,更多的还是基于不特定的公共政策,比如反经

---

① [美]阿伦·威尔达夫斯基:《预算与治理》,苟燕楠译,上海财经大学出版社2010年版,第12页。

② 我国直接触及"挂钩"的法定支出规定较多,如《农业法》规定"国家每年对农业总投入的增长幅度应当高于国家财政经常性收入的增长幅度";《科学技术进步法》规定"国家财政用于科学技术经费的增长幅度,应当高于国家财政经常性收入的增长幅度";《教育法》规定"国家财政性教育经费支出占国民生产总值的比例应当随着国民经济的发展和财政收入的增长逐步提高。各级人民政府的教育财政拨款的增长应当高于财政经常性收入的增长,并使按在校学生人数平均的教育费用逐步增长,保证教师工资和学生人均公用经费逐步增长";《义务教育法》规定"国务院和地方各级人民政府用于实施义务教育财政拨款的增长比例应当高于财政经常性收入的增长比例"。

③ 如《汶川地震灾后恢复重建对口支援方案》规定"一省帮一重灾县,举全国之力,加快恢复重建",明确要求全国19个省市以不低于1%的财力对口支援重灾县市3年,实际上就是以规范性文件的形式对政府支出作出的强制性安排。

④ [美]阿伦·威尔达夫斯基:《预算与治理》,苟燕楠译,上海财经大学出版社2010年版,第221页。

济周期政策或者应对突发事件的税收减免政策。在《预算法》修订前抑或修订后的文本都未将税式支出纳入预算控制的范围,而只是在实践中开始对增量税收优惠政策进行税收优惠成本测算,①以评估税式支出对整体财政支出和财政运行状况的影响。修订后的《预算法》同样没有改变税式支出的规制缺位状况。财政担保作为强化市场主体信用的一种方式,不仅在我国的经济发展过程中普遍存在,而且在市场经济发达的国家亦非鲜见,它通过提供政府信用支持金融机构向微利主体或行业发放政策性贷款(如中小企业或涉农贷款)。面临的共同问题是这种担保方式增加了潜在的财政负担或者说是隐性财政债务,但并不在当期的预算安排中予以考虑,这无疑又一次避开了全面预算的控制。

3. 应急性支出

它是应对突发紧急状态安排的支出。这类支出的来源本身是多元的,如很多国家预算法上都设置的"预备费"制度,就是作为应急性支出的重要来源之一。我国《预算法》上也有预备费的规定,但是预备费并不能有效弥补预算执行中的资金缺口,事后的资金调度主要依照的是行政命令而不是事先的预算安排。②《预算法》修订后,关于预备费提取规模的规定并未变化,而是增加了"预备费不足支出的,各级政府可以先安排支出,属于预算调整的,列入预算调整方案"的规定,以应对应急性支出增加的情况,这一规定恰恰为实践中依靠行政调度而非预算授权安排应急资金的做法提供了法律依据。如果实践中的应急性支出正好属于超过预备费又尚未达到预算调整适用条件的情形,就可以由各级政府"先安排支出"。如何对这部分支出进行有效的法律规制成为立法空白。相对而言,国外应急性支出获得的预算授权或法律依据更加充足。③

---

① 李旭鸿:《税式支出制度的法律分析》,法律出版社 2012 年版,第 82 页。

② 如 2008 年我国连续发生了南方省市雨雪冰冻灾害、汶川大地震、三鹿奶粉食品安全卫生事件、金融危机等各类公共突发问题,对当时经济社会发展造成了严重影响。为此,财政部 2008 年多次安排"应急投资预算"、"应急专项补助资金"、"救灾应急资金"等投入救灾、救市;在 2008 年财政超收收入中安排专门资金用于需追加的特大自然灾害救济、抗震救灾、应对婴幼儿奶粉事件以及为应对国际金融危机、进一步扩大内需而增加的中央政府公共投资支出。这些做法都是危机发生之后的应急处置,并非真正意义上针对未来可能出现的公共危机的应急预算,缺乏预算授权。

③ 同样以 2008 年席卷全球的金融危机为例,美国政府于 2008 年 9 月提交的 7000 亿美元的救市计划是在获得参众两院通过并经总统签署《紧急经济稳定法案》后,才正式生效。参见华国庆:《预算法修改的重点》,载《法学》2011 年第 11 期。

(二)对可预见性原则的冲击

中长期支出与追加支出是影响可预见性原则的重要原因。

1. 中长期支出

由于某些支出项目本身的特性,决定了其支出必须是跨年度进行,这就形成了中长期支出。"尽管预算理论强调财政决策的年度性,但是实践中预算已经日益代表着将过去形成的对某一团体的承诺持续下去。……对于许多现代国家预算而言,预算决策已变成自动的而非年度性的。"[①]但是预算承诺周期拉长之后,具体的支出状况却有可能根据每年的经济形势、涉及的受益人数和部门等不可控制的因素而变动,"因此,预算变得越来越不可预测"。[②] 尽管如此,年度周期控制机制也"变得越来越不受欢迎"。[③] 事实上,许多国家都开始实行两年或多年预算。这不仅是基于支出项目本身的特性要求,还在于年度周期控制机制存在的弊端。由于控制目标只对当前财政年度有效,因此,执行者可以通过让开支或收入行为提前或推迟进行的方式,起到操纵控制目标的效果,以满足当前财政年度预算执行情况良好的要求。[④] 例如预计本财政年度决算时可能出现支出增加或收入减少,为此将下一年度应征收的部分提前征收,或者本应在本年度支出的部分延迟支出,使当年的财政收支避免赤字。年度周期控制还意味着预算资金的分配是以年度为单位进行的,其本意是确保支出行为严格控制在年度批准的预算范围之内,但结果却可能是变相激励执行者寻求更多预算资源,或者在年终进行"突击花钱"以"消化预算",这不仅降低了预算支出的绩效,而且背离了公共预算的社会公共属性。不难看出,年度预算制度有必要作出一定调整才能真正实现预算法定的可控要求。我国《预算法》修订后,延展了赤字平衡的周期,建立了跨年度预算平衡机制,但是财政支出仍然是以年度预算为基础进行安排的,并没有建立中长期支出框架,因此实践中规避预算年度控制的做法仍然会存在。

---

① Naomi Caiden, A New Perspective on Budgetary Reform, Australian Journal of Public Administration, Vol.48, No.1, March 1989, p.56.
② 马骏、赵早早:《公共预算:比较研究》,中央编译出版社 2011 年版,第 9 页。
③ 马骏、赵早早:《公共预算:比较研究》,中央编译出版社 2011 年版,第 13 页。
④ [美]艾伦·希克:《当代公共支出管理方法》,王卫星译,经济管理出版社 2000 年版,第 86 页。

2. 追加支出

预算执行中允许有控制的追加支出，但是如果控制的范围过窄或者追加过于频繁，乃至控制流于形式，那么要保持预算可见性也是一句空话。在这方面，我国《预算法》修订之前问题突出，修订之后有所改善，但是仍有缺陷。《预算法》修订之前针对预算执行中的变动设计了预算调整审批机制，其适用范围仅仅覆盖支出增加与收入减少两种导致财政总额超支的情形以及举借债务增加的情形，核心关注的是预算平衡问题。《预算法》修订过程中公布的征求意见稿，将预算调整的适用范围扩大至预算总支出与社会民生领域支出的调减，使预算调整不再是简单的预算追加的代名词，立法审议的关注点也不再局限于预算平衡，而是包括改变预算的相关情形，使预算执行中的可预测性与可控性有所增强；征求意见稿还将超过预备费的应急性支出与因执行行政决定或措施导致增支（或减收）的情形纳入预算调整范围，一定程度上也有利于控制预算外的行政裁量因素。修订后的《预算法》在上述变化的基础上对预算调整的适用范围作了进一步完善，规定预算总支出的减少、预算稳定调节基金的调入以及举借债务的增加都须经预算调整环节才能实施。但是《预算法》的规定仍然存在局限。首先，预算调整的适用范围有待进一步完善。按照修订后的《预算法》的规定，那些不属于财政总额的变动，例如在"不同预算科目间的预算资金调剂使用"，即使在流转科目的性质、功能、用途等方面显著不同，或者流转金额比例较大，流转方向可能危害公共利益（如从社会民生类支出向行政管理类支出流转）等情形，也并未适用预算调整审批程序，而是被归入行政决定的范围，只需按规定报经财政部门批准即可实施，这无疑加大了预算的不可预测性。此外，修订前的《预算法》将"依照有关法律和行政法规规定应当增加的支出"与"地方各级政府因上级政府增加不需要本级政府提供配套资金的专项转移支付而引起的预算支出变化"均排除在预算调整范围之外。《预算法》修订后，删去了"依照法律和行政法规规定应当增加的支出"不适用预算调整的规定，但是由于在《预算法》的其他地方并无进一步的相关规定，因此，关于法定支出的预算规制问题实际上被立法回避了。在《预算法》修订过程中不少学者都曾提出过法定支出与预算规制的矛盾问题，主张在预算法中就法定支出作出适当限制。《中共中央关于全面深化改革若干重大问题的决定》亦提出将"清理规范重点支出同财政收支增幅或生产总值挂钩事项，一般不采取挂钩方式"，其目的就在于弱化现有实体法律对预算安排的冲击。但是遗憾的是，《预算法》就如何控制法定支出，减少预算执行过程中因法定支出带来的增支需求,仍然缺乏必要的回应。其次,预算执行变动的审批控制流于形式。即使将预算调整的范围进一步扩大至法律法规引起的预算总额变动,预算调整的审批机制又能否实质上控制预算支出增加,同样值得怀疑。预算调整有可能成为预算执行中一种常态化的变动机制,只要预算执行中出现需要增加总支出的情形,就可以通过预算调整加以实现,或者在年初编制预算分配方案时,就明确地预期在年中会启动预算调整程序来满足现实的增支需求。因此,预算调整更像是一种"随用随取"的工具,而预算本身也几近于一种摆设。

(三)对平衡性原则的冲击

公债与赤字的大量存在是对平衡性原则的直接否定,这是现代国家普遍存在的社会现象。问题的关键不在于是否存在公债或赤字,而在于是否实现了对它们的有效控制,从而既能确保预算运行平衡,同时又能支撑经济社会发展。《预算法》修订之前,公债控制机制事实上被规避了,预算赤字控制机制亦处于形式上严格但容易诱发多种弊端的状态。《预算法》修订之后取得的一个重大突破便是全面规范了地方债的发行、使用及偿还机制,同时建立了跨年度预算平衡及赤字填补机制,但仍然存在可完善的空间。

1. 公债运作的规范性有待加强

表现在:一是地方债的限额管理缺乏实质约束。按照现有规定,地方债的总额由国务院确定、报全国人大或其常委会批准,分地区限额由财政部在全国人大或其常委会批准的地方政府债务规模内根据各地区债务风险、财力状况等因素测算并报国务院批准。在现有制度框架尤其是尚未建立系统性的总额控制机制的背景下,单方面地确定地方债限额而不对其他控制要素(例如总支出)进行全面规定,将导致对该限额的评判缺乏参照体系与客观标准,进而难以形成对政府举债权的实质性约束。二是省级以下地方债规制尚显模糊。《预算法》并未对省级以下地方政府的举债作出明确规定,而是将举债主体限定为"经国务院批准的省、自治区、直辖市",从而引发了实践中省级以下地方政府是否享有发债权的疑问。对此问题,《关于加强地方政府性债务管理的意见》虽明确规定"市县级政府确需举借债务的由省、自治区、直辖市政府代为举借",但是如何规范省级以下地方政府的举债权责问题并未得到有效解决。三是地方债的人大监督与公众监督仍需强化。按照《预算法》的规定,地方债发行的限额由国务院确定,举借的具体规模由国务院报全国人大或全国人大常委会批准,省级政府再将国务院下达的限额举借的债务列入本级预算调整方案,报本级人大常委会批准。地方债运作过程中的人大监督主要体现在举借规模的审批与预算调整程序的审批上,而运行过程中的动态监督(包括对举债风险的监控、对违法举债行为的追责)更多由国务院财政部门或者上级政府部门实施,地方人大对本级政府的举债行为实际上并无约束力;同时,社会公众对政府债务问题高度关注,但是地方债相关信息的公开渠道有限,由于尚未建立政府财务综合报告制度,地方债的公众监督将难以实现。

2. 减赤机制存在弊端

赤字与公债联系密切,公债既可能成为弥补赤字的手段,也可能成为诱发新一轮赤字增长的原因。当然,除了公债,还存在其他使预算支出增加,导致收支失衡的因素,因此,对赤字控制有必要单独加以考量。《预算法》修订之前,赤字控制的重心在于预算编制,也就是在提交人大审议的预算中不得出现赤字,禁止"赤字预算"。但是预算获得通过之后,执行中出现的赤字又当如何削减？修订后的《预算法》第41条规定"各级一般公共预算按照国务院的规定可以设置预算稳定调节基金,用于弥补以后年度预算资金的不足",第66条规定"各级一般公共预算年度执行中有超收收入的,只能用于冲减赤字或者补充预算稳定调节基金","省、自治区、直辖市一般公共预算年度执行中出现短收,通过调入预算稳定调节基金、减少支出等方式仍不能实现收支平衡的,省、自治区、直辖市政府报本级人民代表大会或者其常务委员会批准,可以增列赤字,报国务院财政部门备案,并应当在下一年度预算中予以弥补"。上述规定直面预算执行中可能存在的预算赤字问题,既不回避亦非全然否定,而是采取动态调节的方式,允许跨年度实现预算平衡,从而在一定程度上改变了过去重在预算编制环节的赤字控制的做法,为预算执行中的赤字控制提供了弹性空间。但是上述规定延续了此前利用中央预算稳定调节基金或者年度预算执行中的超收收入来削减赤字的实践做法,仍然存在很大局限。由于中央预算稳定调节基金本身就是从财政超收收入中提取进行"盈亏调剂"的产物,因此,赤字能否削减及其额度大小实际上取决于当年的财政超收状况。由于赤字控制重心"前移",缺乏对预算执行中的赤字削减的制度供给,因此就带来了多方面的问题:一是将超收收入用于减赤可能刺激超收,使超收常态化,并让收入预测中的人为低估现象更为严重;二是立法机关如何对超收收入用于减赤缺乏监督机制;三是超收与赤字在数量增减上直接对应,容易忽视赤字控制的另一重要手段——支出削减,形成超收、超支的恶性循环。相比之下,国外预算法上逐步改革赤字控制机制,将控制重心"后移",重点关注预算执行中的支出超过收入的情形,并通过赤字上限调整机制、现收现付机制等实现对赤字的灵活控制。这对我国的预算法治改革提供了有益启示。

三、实现预算法定的制度重建:预算弹性机制之引入

基于多种现实因素的夹击,预算法定及其所代表的传统预算权力的配置格局面临衰微的趋势。即使能够在理论上坚持政府支出的议会保留,也"不得不在预算实践中接受行政机关的实际主导地位"。在这一意义上,议会的至上权威性在预算领域内似乎仅体现在"理论中和形式上"。① 那么,这是否意味着预算法定已经根本动摇,甚至没有再存在的价值?事实上,从各国预算法治改革来看,支撑预算法定的支出控制原则的确有一定程度的松动,但并不足以根本动摇预算法定在预算法律体系中的地位,相反,预算法定在制度重建基础上还得到进一步强化。重建的途径就在于引入预算弹性机制。这一机制包括两个层面的内容:(1)弹性空间的赋予,表现在允许一定范围内的预算科目流转、经费继续使用,允许预算执行中债务或赤字增加,允许优先满足应急性支出的需求,从而在支出金额、支出目的、支出期间、支出优先性的顺序等方面具有一定弹性空间,以协调预算与现实之间的矛盾。(2)控制重心的转移,表现在不仅要审查预算科目内部的安排,而且注重预算决策与外部因素(涉及法定支出、政策支出、应急支出)的关联;不仅要求预算执行者的支出行为获得初始授权,更要确保事后的运作过程(涉及中长期支出、预算追加、预算赤字、公债发行)具有可持续的正当基础。可以说,预算弹性机制是向执行者让渡了一定自由,在可预见性原则和平衡性原则方面适度放松了约束,却由此产生了一种更有效的控制,扩大了预算的有效适用范围,在全面性原则上有所增强。因此,预算弹性机制的意义就在于:一是使预算的适用范围随着事前授权的扩大而相应扩大,有利于遏制执行者的预算外支出行为,从而更能强化预算法定的效力;二是使预算执行中的变动更加多元,并且具有实质控制的效果,从而实

---

① 朱大旗、何遐祥:《议会至上与行政主导:预算权力配置的理想与现实》,载《中国人民大学学报》2009年第4期。

现立法者与执行者预算权的平衡配置;三是使预算与现实之间建立双向互动的关联,既能保持预算对现实的开放性,也能缓冲乃至抵制现实对预算的压力,从而建立预算支出的新型法律规制秩序。

从实践中看,建构预算弹性机制的路径包括微观、中观和宏观三个层面。

一是确立预算变动的技术规则,即微观控制型进路。它改变了基于传统的可预见性要求所设置的僵化执行规则,同时又不失可控性。制定预算的多数活动是技术性的,改变预算的过程同样依赖大量的技术性规则。"预算通过一系列技术性因素与环境适应",①包括追加拨款、削减开支、延期支付、重新立项、应急基金和预算科目流转等。这些技术性因素通过改变既定的预算安排以确保预算执行中的弹性,又依据"预算改变"的程度来划分立法审议与行政裁量的界限,从而确保弹性的适度与可控。具体而言,就是将可能影响社会公共利益的重大执行变动纳入立法审议范围,其他轻微变动则由行政裁量决定。因其制度设计围绕预算资金使用展开,故称为微观控制型进路。以预算科目流转为例,英国预算法规定"一个部门可以在一个决议拨款中的两个款项之间进行拨转,但不能将一个决议拨款转到另一个决议拨款。这种拨转须经议会批准"。日本预算法规定政府只能在"细目之间作调整。细目指的是同一政府部门内部同一种政策目的且同一种经济性质内部的调整"。② 此外,按照日本灾害防治法律的规定,灾害应急支出超过法定预算的,应当向国会提交补正预算以弥补法定预算的不足,而不得从行政性经费或其他科目中流转资金用于应急支出,这也体现了"同一政策目的""同一经济性质"的限制要求。美国《1990 年预算执行法》设定了一个"防火墙条款",禁止把国防支出、国际援助支出等项目所节约经费转移为国内其他自主性支出,③这也是基于科目性质、目的的考虑对预算科目流转方向进行的限制。整体观之,域外预算法上对预算科目流转的态度宽严不一,但都提供了有条件流转的弹性空间。

二是实施新绩效预算,即中观控制型进路。它改变了可预见性原则之下偏重于投入控制的格局。新绩效预算区别于传统预算最大的特点在于将预算

---

① [美]爱伦·鲁宾:《公共预算中的政治:收入与支出,借贷与平衡》,叶娟丽、马骏译,中国人民大学出版社 2001 年版,第 278 页。

② 财政部"财政制度国际比较"课题组编:《日本财政制度》,中国财政经济出版社 1999 年版,第 57 页。

③ 张志超等:《美国政府绩效预算的理论与实践》,中国财政经济出版社 2006 年版,第 83 页。

资金的分配与预算资金的使用效果联系起来,从投入控制转变为结果控制,从对支出部门的外部控制转变为自我管理。赋予管理者使用资金的自由度与灵活性,同时管理者对自己的决策后果承担责任。因此,它的弹性体现在资金的具体使用上,管理者有权根据环境的变化和自身的特点来选择最有效率的投入组合,同时保证其决策权力能够向下属工作人员提供足够的激励。适度与可控体现在绩效与预算的联系以及运用绩效信息对管理者进行绩效问责上,也就是说,资金运用的弹性是受结果束缚的。"一旦结果目标不能实现,他们就要承担管理责任",①并且下一年度的预算规模将被削减。因上述制度设计注重对预算执行过程的绩效控制,在此前提下放松对预算资金使用的具体控制,故称为中观控制型进路。自20世纪80年代以来,不少国家推行的预算制度改革便是以新绩效预算为主流。例如美国制定《政府绩效与成果法》,要求各个部门在为项目进行辩护和要求拨款时必须明确产出和结果并对它们进行测量;其另一部法律《联邦职业培训合伙法》规定"主持培训的人的报酬,不是根据登记的参加职业培训的人数,而是根据受训的人得到就业的人数来计算"。② 新西兰的《公共财政法》明确规定以产出和结果为基础编制预算。

  三是制订预算总额计划,即宏观控制型进路。预算总额计划是在中长期(一般是3~5年)预算年度内对财政支出总额、财政收入总额、财政收支差额及政府公债确定约束条件的制度安排,它改变了传统的实施年度控制的平衡性原则。由于这种控制机制是先自上而下地设定支出目标及总额,再由各部门具体编制预算,注重宏观层面的预算引导以及政策决策过程和预算过程的外部联系,故称为宏观控制型进路。其弹性表现在目标指引、跨年度经费授权和保持指标动态平衡上。例如澳大利亚预算制度改革的目标是"发展更好的手段来识别和确定预算的轻重缓急,以确保最好的总体结果能够实现";新西兰的《财政责任法》要求政府说明广泛的战略优先顺序,指导政府的预算准备。③ 此种目标指引本身不具有直接约束力,是方便政府能够在总额控制下灵活确定年度预算开支重点。又如,德国《经济增长与稳定法》、台湾地区"预

---

① 马骏:《中国公共预算改革:理性化与民主化》,中央编译出版社2005年版,第136页。

② [美]戴维·奥斯本、[美]特德·盖布勒:《改革政府:企业精神如何改革着公营部门》,上海市政协编译组、东方编译所译,上海译文出版社1996年版,第123页。

③ [美]艾伦·希克:《当代公共支出管理方法》,王卫星译,经济管理出版社2000年版,第130页。

算法"等都设立了跨年度经费授权制度,行政机关有权分年编列跨越几个会计年度的继续使用经费,立法机关不必逐年进行年度预算审查。① 如果年度预算有增支需求或者出现赤字增长情况,则允许在支出、收入、赤字和公债指标之间寻求动态平衡。例如,美国《1990年预算执行法》规定联邦政府预算案中的赤字上限可以上调,条件是因增支或减收引起的赤字必须通过增收(开辟新的收入来源)或减支(减少其他开支)的办法——现收现付制得到弥补;在州及地方一级政府,由于禁止预算出现赤字,美国一些州宪法中还允许发行少量的公债以弥补收支缺口,或者要求先行以年度税收进行补偿,当发生紧急事态或者税收失败而引发财政赤字时得发行限量公债,并在规定时限内偿清。② 弹性的适度与可控体现在总额控制与关联审查上。首先确立收入、支出、赤字和公债等各项分类指标的总额计划,然后对所有影响预算的行动(包括法律法规和公共政策)进行关联审查,以便及时纠正对总额计划的偏离。例如,加拿大、澳大利亚政府成立专门委员会评估、审查支出项目的效果并有权决定改动甚至取消一个项目;美国在参众两院分别设置了常设的预算委员会,负责审查社会保障支出和公债等项目,其作出的决定将作为国会各具体委员会从事拨款的依据。

四、我国实现预算法定的路径:《预算法》弹性机制之构建

我国《预算法》已经完成修订,以支撑预算法定的三大原则为视角,不难发现新修订的《预算法》在全面性原则方面取得较大进展,同时在可预见性原则与平衡性原则方面又没有僵化恪守传统的要求,已经呈现出预算弹性机制的特点。

---

① 李允杰、孙克难、李显峰等:《政府财务与预算》,台湾五南图书出版股份有限公司2007年版,第341页。

② 冉富强:《美国州宪法公债控制的方式、实效及启示》,载《政治与法律》2011年第9期。

(一)《预算法》建立预算弹性机制的必要性

为什么应当在《预算法》中建立预算弹性机制,它究竟是克服我国实践中预算法定效力不彰的一剂良药还是会适得其反?我们现在更需要的是预算支出中的权力让渡,还是强化控制?可能存在的质疑是:目前亟待解决的是预算支出中的不规范现象,因此,首要目标应当是重申财经纪律和强化预算管理,那么,建立预算弹性机制是否必要?第一,预算弹性机制是对预算法定的维护、增强而不是否定,从前述三个层面的建构进路来看,预算弹性机制指向的目标是扩大预算的有效适用范围,从而使预算在与现实的互动中更加主动、更有作为;第二,预算弹性机制要求让渡的权力与更加有效的控制相互伴随,互为条件,不可分割,这与强调财经纪律、强化预算管理并不矛盾;第三,预算弹性机制在我国预算法治改革中已有体现,要截然区分规范性与灵活性、控权与授权的改革进路并人为设定时间先后并不现实,亦无必要。更应当看到,中共十八届三中全会《中共中央关于全面深化改革若干重大问题的决定》(以下简称《决定》)中确立的预算法治改革方向与预算弹性机制的建构是相契合的。《决定》提出了放松年度控制,在中长期预算周期内实现收支总水平控制和收支动态平衡。具体表现在:(1)建立"跨年度预算平衡机制",通过延长预算执行的控制周期,避免短期控制目标被人为操纵或者改变,同时将控制重心放在中长期的预算平衡上。(2)重新给予地方政府发债的肯定立场,"允许地方政府通过发债等多种方式拓宽城市建设融资渠道"、"建立规范合理的中央和地方政府债务管理及风险预警机制"。这种"开前门"、"治风险",让政府融资阳光化的态度相比于在立法上严格限制而又任由实践操作中变相发债的方式,更为明智、可取。(3)调整预算赤字控制重心,"从单纯的赤字规模审查转向支出预算及政策的审查",这一思路释放出预算赤字政策的改革信号,提供了控制预算赤字的更有效方式。(4)控制法定支出,"清理规范重点支出同财政收支增幅或生产总值挂钩事项,一般不采取挂钩方式",其目的就在于弱化现有实体法律对预算安排的冲击。当然,对于如何看待新的法律法规中的支出规定,以及虽未直接触及"挂钩"但包含法定支出规定的问题,《决定》虽未明确意见,但所提出的进行"支出预算及政策的审查",其实也包含了控制新增法定支出的意涵。上述政策构想中建立跨年度预算平衡机制、地方债限额管理机制已经在修订后的《预算法》中有所体现。

(二)《预算法》预算弹性机制之构建思路

1. 扩大预算的事先授权范围

首先,为支持财政政策实施,在《预算法》上可以规定建立财政政策调节基金。如果整体经济活动的疲软危及宏观调控目标,政府为弥补额外增加的支出缺口,就可以动用该笔资金;同时为保证来源渠道的稳定性,有必要规定从公共预算收入中提取的比例及与收入总量的动态关联机制。其次,为支持突发性公共支出的需要,在现有预备费制度之外,制定应急预算机制,就突发事件、危机状态下的收支状况作出提前安排。应急预算是在人大批准的法定预算之外单独编制、滚动修改的特殊收支安排。在《预算法》中应当明确规定应急预算的资金来源以及应急预算支出的适用范围。在资金来源方面,为减少应急性支出对既有预算安排的冲击,应当限制通过预算科目流转来充盈应急性支出的做法,规定应急性支出只能从公共预算收入中获取;在支出的适用范围方面,应当规定预备费、应急预算、预算调整不同的适用范围。预备费主要用于三个方面:在危机防范、预警阶段的增支需求;在危机处置阶段用于相关职能部门的应急性增支需求;在危机处置阶段用于社会救助的小于总支出一定比例(如3%)的增支需求。应急预算主要用于在危机处置与重建阶段达到总支出一定比例(如10%)的增支需求。预算调整主要用于各种应急性支出与正常执行的预算支出之和超过预算总支出的增支需求。

2. 确保预算变动机制的多元且可控

(1)这里的"预算变动"是比《预算法》上的"预算调整"含义更宽泛的概念,它既包括涉及总额变动的预算调整,也包括预算执行中的其他变动,例如预算科目流转、预备费动用、超收收入使用、预算周转金使用,对此,在《预算法》中应当予以明确,以确定与不同变动相适应的控制机制。(2)规定人大审议与行政裁量在决定上述变动中的权限,既实现人大对预算执行过程的动态与事前监督,也不妨碍预算执行中所需的弹性。例如对预算科目流转附加条件,规定超出一定范围的流转活动,包括特定经费的流转、人员经费流入、民生经费流出、经费流转总额达到总支出一定比例等不允许行政裁量决定,而须经人大批准。当然,为提高效率,审议可以由人大内设机构来完成,并且允许对预算调整方案的修正,而并非仅仅限于批准或否定。如果调整权限过于单一(要么全部通过,要么全部否定),则既会给审议机关或机构带来沉重的程序负担,也无法真正保障预算的效力。(3)扩大预算调整的适用范围,增强人大对预算执行中影响社会公共利益的重大变动实施监督的权力。属于预算调整范围的,应当包括预算总额的追加、追减及预算赤字水平的改变。建议在《预算法》规定的基础上,将预算执行中因法律法规导致预算支出总额增加的情形纳入预算调整范围,从而为预算之外的增支需求设置程序"过滤"机制。(4)为避免预算调整过于频繁启动,也有必要限定预算调整的启动次数与时间。《预算法》规定"预算调整方案应当说明预算调整的理由、项目和数额",目的是通过对预算调整方案编制形式的要求,在一定程度上限制政府预算调整的启动权。但是由于预算调整启动的次数、时间等未作规定,而在理论上,基于政府部门裁量的"必须作出并需要进行"的预算调整可以多次反复进行,导致预算调整启动过于频繁,失去实质可控性,因此,预算调整的启动次数和时间应当限定。结合预算执行的实践,可以规定一年内预算调整的启动次数不得超过两次,时间集中于第三季度。

3. 建立绩效预算的法治框架

绩效预算是建立在绩效约束之下的、适度放权的预算管理机制。《预算法》的几次修订意见稿虽以基本原则的方式明确规定"各级预算应当讲求绩效",但除此之外缺乏有关绩效的具体规定。新修订的《预算法》在绩效对预算编制的影响、预算绩效评估的法定性方面作出了进一步规定,但是仍然无法满足绩效预算法治化的基本要求,即以立法的形式明确规定绩效预算的概念,建立绩效信息的形成、披露机制,规定绩效信息与预算决策的多种联系方式。至于建立绩效信息与预算决策的关联机制以及以绩效为导向的约束机制则是在此基础上进一步发展的方向与目标。目前,《预算法》应当对绩效、绩效预算的概念,实施绩效预算的目的、程序、管理机构及管理责任作出规定,以建立绩效预算的基本法治框架。

4. 制定总额控制规则

(1)总额控制是依法独立于预算之外成立的约束机制。预算仍按年度编制,但必须接受总额控制,立法机关也应遵照该总额控制机制审议预算。我国《预算法》可以在"总则"部分对总额控制的含义、地位、方式、期限作出原则性规定。此外,基于中央预算和地方政府总预算实行分别编制的惯例,宏观财政总额控制应当分别适用于中央预算和地方政府总预算。(2)总额控制不局限于单项指标,而是包括财政支出总额、财政收入总额、财政收支差额及政府公债在内的，反映财政运行状况的全方位指标，这样做可以避免单项指标对预算行为的扭曲。(3)财政支出总额是诸多财政指标中最重要也是最难控制的一环。收入、赤字、公债的增加往往都基于支出增加的需求。要实现财政支出总额的控制应当细化到主要支出项目上，尤其是法定支出项目不能被排除在财政支出总额的控制清单之外。法定支出并不必然产生预算安排的结果，在同属于法定支出项目之间，也有权衡和裁量的空间。在《预算法》上可以设置新增法定支出的预算条件，即减少其他支出或者增加收入；规定法定支出的绩效评估机制，提升支出绩效水平；更重要的是，建立政策法规的预算成本审查机制，对那些足以改变既定预算安排的政策法规进行成本审查。(4)总额控制区别于年度控制的重要标志就在于时间延展，建立中长期的财政规划尤其是支出框架。一个多年度的控制制度既可以在充分实施的过程中确立一些重要的分界点，从而为政策调整和实现跨年度的预算平衡提供机会，同时也可以防范短期财政控制的失效。《预算法》修订后，国务院出台的《关于深化预算管理制度的决定》规定实行以三年为周期的中长期财政规划管理。该规划对年度预算产生约束力，要求财政预算提高统筹能力，以保证涉及财政政策和资金支持的各部门规划都要与三年滚动财政规划相衔接，同时，要求涉及的相关项目亦应加强预算审核。这一制度确立了中长期财政规划的具体时限，同时提出了有利于控制财政支出的项目预算审核原则，与这里建立总额控制机制的思路是契合的。(5)在确保总额控制的前提下，进一步完善地方债运作机制。赋予地方政府适度举债权限，建立全面规范、公开透明的地方债运作机制是地方债治理的目标，然而，修订前的《预算法》以及《预算法》的修订意见稿都曾采取严格控制的立法态度，使地方政府正常的融资需求无法得到保障，反而滋生了大量不规范的地方债发行，对财政可持续性产生不良影响。基于此，十八届三中全会《决定》提出"建立规范合理的地方政府债务管理及风险预警机制"，第一次在中央政策层面肯定了"开前门""治风险"的地方债规制方向。在此基础上，修订后的《预算法》最终建立了包括地方债发行额度、用途、偿还等在内的全面运作机制。为进一步强化地方债发行后的管理，国务院出台了《关于加强地方政府性债务管理的意见》，将地方债收支纳入全口径预算管理，同时建立风险预警机制与应急处置机制，严格控制债务风险，强化债务报告和公开制度，确保政府债务的社会监督。法律的修订以及有针对性的行政法规的出台，无疑为实现地方债的阳光化、规范化运行提供了制度保障，但是仍然存在进一步完善的空间。首先，可将地方债的总额管理与收入、支出、赤字等其他要素一起纳入总额控制机制中加以考量。其次,参照目前中央和地方之间的举债机制建立省级以下地方债的规范运行机制,明确划分地方各级政府之间的举债权责。再次,增设地方债的人大监督机制条款,赋予地方人大及其常委会对本级政府举债行为的监督及问责的权力,尤其是规定人大对地方债举借规模审批的修正权。关于人大预算修正权的问题在《预算法》修订过程中一直是学界争论的焦点,从预算审批的实质性与效率性角度考虑,学者普遍呼吁赋予人大预算修正权,但从《预算法》现有规定看,这一问题仍然未得到解决。相对于预算案的整体审批,针对地方债的人大监督更需要精细化、具体化和有针对性,因此,更有必要通过行使预算修正权对行政主导的公债运作进行制约。最后,尽快出台政府综合财务报告制度的相关细则,推动政府债务的公开透明。

第二章
人大预算监督法律问题研究

一、人大预算监督的基本制度框架

现行法律法规主要从四个方面构建起人大预算监督的制度框架：一是提供人大预算监督的基本法律依据。《预算法》规定全国人大及其常委会对中央和地方预算、决算进行监督，县级以上地方各级人大及其常委会对本级和下级政府预算、决算进行监督，乡镇人大对本级预算、决算进行监督。二是赋予人大预算监督中的组织调查权和询问质询权。《预算法》规定各级人大和县级以上各级人大常委会有权就预算、决算中的重大事项或者特定问题组织调查，有关的政府、部门、单位和个人应当如实反映情况和提供必要的资料；各级人大和县级以上各级人大常委会举行会议时，人大代表或者常委会组成人员依照法律规定程序就预算、决算中的有关问题提出询问或者质询，受询问或者受质询的有关政府或者财政部门必须及时给予答复。三是规定全国人大及其常委会、常委会内设机构对中央预算的具体监督机制。全国人大常委会《关于加强中央预算审查监督的决定》规定了中央本级预算中的经常性支出、中央预算建设性支出与基金支出、中央财政对地方的补助性支出的编制原则，中央预算的初步审查机制，全国人大财政经济委员会对中央和地方预算草案的审查机制，中央预算超收收入的监督机制，不同预算科目之间资金调剂的控制机制与中央预算投入农业、教育、科技、社会保障资金调减的审批机制，中央预算调整方案的审查机制，中央决算草案的编制与审查机制，中央预算执行审计机制，中央预算执行情况的报告机制，中央预算外资金监督机制，授权制定的财政法规的备案机制。四是细化各级人大及其常委会、常委会内设机构对本级预决算编制、预算执行实施审批监督的具体程序。比如在地方性的预算监督条例中都会对此作出规定。

二、人大预算监督存在的局限
　　以及新《预算法》的因应

　　重内部监督、轻外部监督是我国预算监督制度的整体特点。内部监督由政府监督、财政部门监督、审计监督构成,外部监督则是由人大监督、社会监督作为其主要力量。长期以来,人大预算监督有名无实的现象始终困扰着预算法治化进程的深入推进。《预算法》修订之前,一方面,赋予人大的监督权过于笼统,有关人大预算监督的范围、启动监督的程序以及落实监督后果的法律责任均无具体规定。另一方面,缺乏支撑人大预算监督权有效行使的保障机制,表现在预算支出分类机制缺失,实践中预算草案的编制没有细化到项或目,使得人大代表往往面对看不懂的预算报告;预算审议周期设计不合理,预算审议期限过短、预算审议与整个预算年度未全面对应,妨碍了人大对预算分配的实质性干预;人大对超收收入缺乏监督,由超收收入所衍生的预算外支配资源的权力成为地方政府竞相追逐超收的根本原因;人大对预算行使审批权的过程中,缺乏预算修正权,人大只能在全部通过或全面否决之间择一而行,这极大地削弱了人大预算监督的权威性;人大对预算执行的监督权力相对于预算编制审批权更为弱化,除了对预算调整的审批之外,人大难以介入预算执行中的具体事务,这既有人大监督本身侧重于宏观控制的功能定位的原因,又与制度设计存在的偏差密不可分,即预算执行过度依赖政府内部自上而下的监督,对于预算执行中可能涉及的宏观层面的问题,如政府债务、预算赤字及其引发的财政风险等采取了回避态度。除了人大预算监督制度自身存在的弊端之外,在《预算法》上以人大为主体的间接预算民主方式与以公众为主体的直接预算民主方式缺乏有机联系。事实上,公众借助基层人大制度,参与人大主导的预算草案审议过程是参与式预算的一种典型实施方式,这种方式实现了间接预算民主与直接预算民主的有机统一,但是《预算法》对此并未作出规定。

　　修订后的《预算法》着重针对人大预算监督权的保障机制进行了完善:

　　第一,预算支出分类有所细化。第46条规定:"报送各级人民代表大会审查和批准的预算草案应当细化。本级一般公共预算支出,按其功能分类应当编列到项;按其经济性质分类,基本支出应当编列到款。本级政府性基金预算、国有资本经营预算、社会保险基金预算支出,按其功能分类应当编列到项。"预算支出分类的改革是保障人大预算监督权有效行使的基本前提,它为人大审议预算草案提供了更具体的信息。

第二,在一定程度上实现了预算直接民主与间接民主的统一。第 45 条规定:"县、自治县、不设区的市、市辖区、乡、民族乡、镇的人民代表大会举行会议审查预算草案前,应当采用多种形式,组织本级人民代表大会代表,听取选民和社会各界的意见。"这一规定为预算草案审查前的公众参与提供了法律依据。这一参与机制的特点在于:放在县级以下人大预算决策环节,符合直接预算民主一般与较低的预算层级相联系的原理;参与机制"采用多种形式",这种开放性、授权性的立法方式有利于实践中各地结合自身发展情况选择可行的参与形式并构建相应的保障机制。实践中一些地方人大参照行政决策中的听证程序开展预算听证,吸纳公众对预算分配的意见,在提升预算审查的实质效果以及促进直接预算民主方面发挥了积极作用。《预算法》的上述修改无疑为实践中的民主创新提供了空间。

第三,完善了县级以上人大及其常委会的初步审查及反馈机制。初步审查是原《预算法》提供的一种在正式进行会议集中审议前的程序性监督机制,其弊端是缺乏具体的职责定位与对受监督对象的约束机制,人大财经委员会或其他有关委员会是否必须作出初步审查意见、受监督对象是否必须就初审意见作出相应处理及反馈,立法上并无强制性规定;同时,初步审查的内容过于模糊、审查的主体范围开放性不足、审查的时限较短,这些因素都导致人大的初步审查监督难以发挥实效。《预算法》修订后,将中央预算草案的初步审查期限延长至 45 天,并且建立更具约束力的审查反馈机制。根据第 22 条的规定,全国人大财政经济委员会对中央预算草案初步方案及上一年预算执行情况、中央预算调整初步方案和中央决算草案进行初步审查,提出初步审查意见;省市级人大专门委员会或者有关工作机构对本级预算草案初步方案及上一年预算执行情况、本级预算调整初步方案和本级决算草案进行初步审查,提出初步审查意见;县级以下人大常委会对本级预算草案初步方案及上一年预算执行情况进行初步审查,提出初步审查意见;县级以下人大常委会有关工作机构对本级预算调整初步方案和本级决算草案研究提出意见。上述初步审查意见应当由同级政府财政部门作出处理并及时反馈。值得注意的是,为使先期进行的初步审查及情况反馈能够与后续的会议集中审查有机结合,确保人大代表对预算案或者其他待议对象的知悉,提升会议审查的效率,《预算法》在规定初步审查、情况反馈的基础上,还进一步规定了初步审查报告、情况处理报告应当印发本级人大代表,使人大代表能够更为全面、细致地了解相关待议事项存在的问题。因此,初步审查、反馈机制的增设不仅从形式上看延长了人大会议审查的周期,而且使人大代表能够更为实质性地了解预算状况,并展开更为充分、深入的预算审查。

第四,明确界定了各级人大预算审查重点内容,并建立人大预算审查结果报告机制。依据第48条的规定,各级人大对预算草案及预算执行情况报告的重点审查内容包括预算执行与预算决议的一致性,预算安排的合法性、可行性,重点支出和重大投资项目预算安排的适当性,预算编制的完整性,转移支付的规范性、适当性,举借债务的合法性、合理性等,从而为集中人大预算审查方向、提高审查效率提供了法律依据;《预算法》还规定建立预算审查结果报告机制,由人大财经委员会、专门机构或者人大常委会就预算草案及预算执行情况提出审查结果报告,对是否批准预算草案与预算报告,以及如何改进预算管理等提出建议,这亦使得人大的预算监督更具专业性和权威性。

第五,强化了人大对预算执行的监督权力。《预算法》对人大与政府在预算执行中的权力配置进行了重新调整,突出了人大对重大财政事务变动以及宏观运行情况进行整体监控的法律地位。表现在:第35条赋予全国人大及其常委会对地方举债总额的审批权,赋予省级人大常委会对本地区的限额举债进行预算调整的审批权,由此为地方债的规范化运行提供额度有限、风险可控的规制机制;第66条赋予省级人大及其常委会对预算赤字的调节权,从而为放松预算赤字的年度控制,实现预算收支的跨年度平衡提供了可行渠道;第69条增设了预算调整方案的编制、初审程序,使预算调整程序更加规范化;第86条细化了预算执行中的报告制度,明确规定在预算执行的第三季度(6—9月)应由各级政府向本级人大常委会报告预算执行情况。

尽管修订后的《预算法》对人大预算监督问题进行了回应,但仍然有进一步完善的空间,这主要基于程序与实体两方面的考量:在程序上,从预算编制、初步审查到大会审议、预算执行环节都不同程度地有待细化相关规定,同时赋予人大预算修正权;在实体上,从民生保障、总额控制方面应当进一步增强人大的预算监督权威,同时人大自身亦应恪守预算监督的职权边界,避免因其制定涉及强制性财政收支变动的法律而干扰财政正常的运行过程。

三、人大预算监督法律制度的完善

(一)构建完善的预算编制—初步审查—大会审议三位一体的事前监督法律制度

1. 预算编制环节

实现分权制衡的首要步骤是强化人大事前的预算监督,而在属于事前监督的预算编制—初步审查—大会审议的几个具体环节上,预算编制的介入是监督资源分配的起始点,但由于立法态度的模糊也受制于资源稀缺性的固有局限,在实践中,人大的介入行动往往主要承载信息反馈、沟通的柔性职能,而几乎不具备纠错、问责等刚性监督手段。那么,在预算编制环节是否应当强化人大的监督职能,答案如果是肯定的,又应当从哪些方面予以强化?人大提前介入预算编制的监督权与政府的预算编制权之间各自的权力边界在哪里?应当如何平衡?

是否应当强化人大在预算编制环节上的监督权,需要从分析人大监督弱化的原因入手。一方面,人大监督效力的有无及程度高低取决于监督依据是否明晰与确定,如果以民生保障为视角分析,可以发现构成监督依据的包括民生的范围、财政投入民生的数量比例、财政投入民生的权责基础、各级财政分担民生事权的具体机制等,而这些内容恰恰在现有立法上存在不同程度的缺陷,无法为人大监督提供足够有效的评判尺度,这是造成人大监督效力不彰的主要原因;另一方面,预算编制是在稀缺性因素制约下进行优先性排序与选择的过程,如果说民生保障的政策目标给予了各级人大在评判资源分配适当性问题上的一个宽泛依据,那么对于同属于民生领域的若干具体项目仍需要作进一步权衡与取舍,因此,当面对来自教育、农业、就业、社会保障等各个民生领域的预算需求时,人大监督也不得不恪守《预算法》上"统筹兼顾"的原则,而不能强制性地将特定项目的法定支出要求单方面付诸实现。尤其是当我们建立了总额控制机制时,立法机关制定的涉及强制性收支变动的法律亦须接受预算成本的审查,在这一意义上,人大既是预算编制监督者,同时也是预算规则的执行者。对于因立法缺陷造成无法有效行使人大预算编制监督权的问题应当通过完善相关立法予以解决，充实人大监督的法律依据，迈出人大预算编制监督从无到有的第一步，这是强化人大监督职能的首要途径。对于因资源稀缺性造成人大预算编制监督权无法深入实质监督层面的问题，则应当承认人大预算编制监督的权力限度，但这并非意味着对预算编制的监督可有可无，而是表明应当慎重选择监督职能着力的重心并设计出监督权力行使的合理方式。

人大预算编制监督职能着力的重心在于信息维度的沟通反馈职能，而非强制维度的约束问责职能。基于此，法律制度的完善措施包括：首先，在《预算法》上明确规定各级人大享有对预算编制参与及监督的法定权力，这种权力从程序上讲并不限于大会集中审议阶段的审批权，而是包括集中审议前对整个预算草案形成过程的参与及监督，也就是人大提前介入预算编制，而不是仅仅对政府提交的预算草案进行审查。值得注意的是，一些地方性预算审查监督立法中对此问题已有所规定，其立法经验可供《预算法》进一步完善时借鉴。① 其次，对该权力的实体边界予以限定，即人大的预算编制监督权限于对财政部门形成的预算安排信息、预算单位形成的资金需求信息以及专门的绩效评估机构形成的绩效信息进行汇总、沟通、反馈，而不宜介入对资金分配的实体性判断中，后者属于政府行政裁量的范畴。再次，明确规定人大预算编制监督权的行使方式，将实践中人大介入预算编制的有效方式，比如上海闵行区开展的预算听证、浙江温岭新河镇开展的参与式预算等纳入立法层面，以开放式列举方式加以规定，使得信息维度的监督职能既具有相对稳定、统一的实施机制，也不乏灵活性与创新性。最后，确定人大预算编制监督权对受监督者的法定效力，要求政府部门对人大提出的沟通反馈意见应当在限期内回复等，对于在预算编制环节发现的重大违法现象，比如未按照法律法规规定的程序和要求编制报送政府预算、预算调整方案，或者未将所有政府收支情况列入预算，或

---

① 比如《上海市闵行区人民代表大会常务委员会预算审查监督办法》第10条规定：常委会财政经济工作委员会和其他相关工作委员会根据需要可以提前介入预算编制工作，通过调查研究，了解预算编制和预算执行情况，对预算编制和执行中的问题提出意见和建议。《武汉市人民代表大会常务委员会关于市本级预决算初步审查工作的若干规定》则进一步将人大预算工作委员会提前介入预算编制作为一项法定职责，其第5条规定：预算工作委员会应当提前介入市本级预算草案编制，调研经济运行和预算执行情况，听取市财政部门关于当年预算执行和下年预算安排情况报告，征求市人大有关专门委员会、政府有关部门、单位和人大代表意见，并向财经委员会提出预先审查情况报告。

者擅自调整预算级次或变更预算收支类别,或者未经法定程序对民生支出数额进行调减等,有权直接提出纠正或者督促地方政府履行监督职责。应予以注意的是,《预算法》修订后对预算法律责任的规定明显强化,但是与修订前的做法相似,在违法预算行为的问责主体、问责程序、问责方式等问题上延续了行政主导的模式。建议在《预算法》进一步完善过程中,增设人大对违法预算行为的直接纠错机制。

2. 初步审查环节

对预算草案的初步审查是《预算法》明确规定的人大监督的基本环节。如果说预算编制环节的监督更多承载信息汇集、集思广益、协商合作的柔性职能的话,那么预算草案形成之后到提请大会审批之前的初步审查环节则应当彰显自上而下地纠错、修正的刚性职能。《预算法》修订后使得人大在初步审查中的职能有所强化,修订前的立法仅是程序性地规定各级财政部门提交初步审查的义务,进而将初步审查的应然价值异化为资料报送的程序义务,使初审的效力降格为几乎与备案等同。修订后立法建立的审查反馈机制强化了初审的约束效力。但是初步审查中修正权的缺失仍然不利于人大预算监督权的行使。仍以民生保障为视角来分析,如果人大在前述预算编制环节并未介入收支安排,而初审环节再次错失对预算安排的监督机会,那么寄希望于大会审批环节再来纠错在目前的制度框架下已不现实,因为涉及民生支出的预算安排往往表现在若干具体预算科目上,即使有所不当,在目前缺乏单项表决机制或预算修正权的前提下也难以部分纠错,而全盘否定的成本过高,因此作出全盘肯定预算的决定是普遍的选择,其结果只能让带有瑕疵的预算安排进入预算执行阶段。事实上,在不少地方性预算审查监督立法中,通过细化初步审查的操作规则,增加人大与政府部门的权责配置,使初步审查承担起大会审批前的部分修正职能,弥补大会审批环节预算修正权或者单项表决机制的不足。比如《上海市闵行区人民代表大会常务委员会预算审查监督办法》不仅规定了提交初步审查的预算草案的具体内容,而且重点规定了审查主体履行初步审查的职责、权限、内容以及受监督者修正预算草案的义务;①《武汉市人民代表大会常务委员会关于市本级预决算初步审查工作的若干规定》则采取要求受监督者限期内回复审查意见的方式,将是否采纳人大审查意见的自由交给财政部门,但从程序上作出明确限制。② 此外,值得注意的是,《各级人民代表大会常务委员会监督法》赋予各级人大常委会监督职责中的询问权、质询权与特定问题调查权应当同样适用于人大预算监督。

综合来看,对预算草案初步审查的制度完善应当包括以下方面:

(1)关于初步审查的主体。《预算法》规定中央预算草案的初审主体为全国人大财经委员会,地方省级预算草案的初审主体为本级人大专门委员会或者本级人大常委会有关的工作委员会,县级预算草案的初审主体为本级人大常委会。其中"专门委员会"或者"有关的工作委员会"是否专指财经委或财经工委,其他的专门委员会或者工作委员会是否可参与？在没有设立人大专门委员会的地方人大,并且常委会的财经工作机构人员又很少的情况下,是否可以吸收其他力量参与初审？是否可以委托或责成审计部门对预算草案进行审

---

① 《上海市闵行区人民代表大会常务委员会预算审查监督办法》第11条规定:在区人民代表大会会议举行的45天前,区人民政府应将预算草案提交常委会。预算草案应包括以下内容:(1)一般预算收支总表科目列到类、款,重要的列到项及说明书。(2)基金预算收支总表。(3)各预算单位支出明细表。(4)除部门预算以外的其他专项资金安排表。(5)1000万元以上项目的财政性资金投资表。(6)农业、教育、科技、社会保障支出明细表。(7)区人大常委会要求报送的其他材料。第13条规定:在区人民代表大会会议举行的30天前,常委会应对预算草案进行初步审查,提出审查意见。会议期间,区人民政府及其财政部门负责人应到会听取意见,并接受常委会组成人员的询问。区人民政府及其财政部门应根据常委会的审查意见,对预算草案进行修改。常委会对预算草案进行初步审查应当包括以下主要内容:(1)预算安排是否符合法律、法规的规定和国家的财政经济政策。(2)预算安排是否符合本区经济社会发展的实际情况,是否与国民经济和社会发展年度计划相衔接。(3)预算安排是否科学、合理、完整,应纳入预算的收入是否全部纳入预算;预算支出项目是否恰当,支出结构是否合理,是否保证了政府公共支出基本需要;是否坚持量入为出,收支平衡原则。(4)为实现预算拟采取的各项措施是否切实可行。(5)其他重要事项。

② 《武汉市人民代表大会常务委员会关于市本级预决算初步审查工作的若干规定》第7条:预算工作委员会应当向财经委员会全体会议报告市本级预算草案的预先审查情况,并向市财政部门通报市本级预算草案的初步审查意见。财政部门应当对初步审查意见进行研究,并于收到意见后7日内,向财经委员会和预算工作委员会报告意见的采纳情况和没有采纳的理由。

计,以配合协助初审?《预算法》就上述问题均缺乏明确规定。在一些地方性人大预算审查监督立法及实践中,初审的主体范围已经不限于上述委员会之类的正式官方机构,还包括由不同领域的专业人士组成的预算审查专家组或顾问团以及由审计、税务、金融、发展改革委等多个部门的行政官员组成的咨询议事机构等更为灵活多元的组织形式,①尤其是人大监督与审计监督的结合既提升了人大监督的效力,也使审计监督提前到预算草案审查阶段。② 这种开放的、多元化的主体格局应当在未来《预算法》进一步修订时得以确认。

(2)关于初步审查的职责与权限。《预算法》应当将散见于地方性预算审查监督法规上的涉及初审职责与权限的内容进行集中规定,其中,审查主体应当就各级财政部门提交的预算草案提出初审意见,并及时将意见向财政部门反馈,这是作为审查主体应当承担的基本职责;同时审查主体享有询问权、质询权、特定问题调查权、启动专项审计权等权限。在《预算法》规定的基础上,可以授权地方立法机关结合本地情况扩展初审职责与权限的内容,比如限定作出初审意见的时间,允许权力行使的条件及方式更为灵活。

(3)关于初步审查的范围。原《预算法》仅笼统规定了"预算草案的主要内容"作为初审的范围,至于该"主要内容"的具体边界并不明确。《预算法》修订后将"上一年预算执行情况、本级预算调整初步方案和本级决算草案"纳入初审范围,但是否有必要列出其他事项还需进一步研究。各地实践中把握的宽严尺度有所差异,但一般倾向于宽松审查。比如有的地方仅选择是否列出赤字、是否按照法定比例提取预备费、是否安排了法定支出等有限项目实施合法性审查,对于预算收支的整体状况,预算支出的结构、比例、顺序、科目,关乎民生的重点支出的结构、数量等兼容合法性与合理性的价值判断问题,则较少纳

---

① 比如江苏扬州市人大常委会从市审计、国税、地税、人行、发展计划委等部门邀请了7名对预算工作熟悉的人员组成咨询组,作为人大财经工委(预算工委)的咨询机构,其职责是:配合财经工委对财政预(决)算草案、预算调整方案草案及部门预算草案进行初步审查,对部门预算执行情况、重大项目财政性资金使用情况等事项进行专题调查,并及时提供咨询性建议和意见。参见韩春胜:《地方人大预算审查监督之创新》,载《人大研究》2008年第1期。

② 比如《山西省预算监督条例》第21条规定:在预算监督过程中,各级人大常委会认为必要时,可以要求本级人民政府责成审计部门进行专项审计,并向本级人大常委会报告审计结果;第22条规定:对于审计部门审计中发现的违法违纪问题,各级人民政府应当向本级人大常委会报告查处和整改的结果。

入初审范围，甚至不乏在预算草案中只列项目、不列数字，或者科目级次过少、数额规模过大，或者仅为预算安排的初步设想而尚未形成预算草案的基本格局的情形，对实施合法性审查构成障碍。还需要考虑的是，在实施政府预算分类改革的背景下，预算草案的细化不仅体现在内部科目款项的进一步分层、分级，还表现在外部对不同类型的预算进行分类编制，比如公共预算编制、政府性基金预算编制、国有资本经营预算编制、社会保险预算编制，现行立法上笼统规定"预算草案"提交初步审查，显然不符合预算分类改革的发展趋势。因此，《预算法》上应当依据科目分层、分级以及预算分类的基本原则，将纳入初审的相关草案内容进一步细化。同时基于初审主体的专业性以及初审时间相对于大会审议时间更为充裕的因素，有必要将合理性审查也作为初审环节的一项任务。① 具体而言，纳入初审的草案内容应当包括但不限于：具有完整科目级次的政府公共预算草案、政府部门预算草案、政府性基金预算草案、国有资本经营预算草案、社会保险预算草案、政府间纵向转移支付的预算草案、社会保险之外直接关乎民生的预算草案。对于上述内容应当重点审查其是否遵循相关法律、法规，是否符合国民经济和社会发展计划以及其他财政经济政策，是否有利于满足社会公众对民生支出的需求，是否在确保民生重点的基础

---

① 关于初步审查兼顾合法性与合理性的立法范例，在多个地方性预算监督条例中均有体现。比如《广东省预算审批监督条例》第 10 条：对预算草案，主要审查以下内容：(1)遵守预算法和有关法律、法规的情况。(2)各项收支依据；贯彻量入为出、收支平衡原则的情况；是否符合国民经济和社会发展计划以及有关的财政经济政策。(3)贯彻预算收入与经济增长相适应的原则的情况；是否隐瞒、少列按规定必须列入预算的收入。(4)预算支出结构情况；是否贯彻勤俭节约的方针，确保重点，统筹兼顾，在保证政府公共支出合理需要的前提下，妥善安排其他各类预算支出。(5)群众关心的涉及预算收支的重大问题是否做了恰当安排。(6)其他重要问题。在审查预算草案的同时，还应当审查人民政府为实现预算拟采取的各项措施是否合法可行。《广西壮族自治区预算监督条例》第 8 条：对本级预算草案进行初步审查的主要内容：(1)预算编制符合有关法律、法规以及贯彻积极可靠、量入为出、收支平衡原则的情况。(2)预算安排符合国家的财政政策以及本地区经济和社会发展实际的情况。(3)收入的安排与地区生产总值的规模相适应的情况。(4)预算支出结构、各项法定重点支出项目的合法性和合理性。(5)设置预备费的情况。(6)实现预算拟采取的措施的可行性。(7)对上年预算执行情况评价。(8)其他重要问题。《山西省预算监督条例》第 9 条：(1)预算安排是否符合法律、法规的有关规定，是否符合财政经济政策，是否符合本行政区域经济和社会发展的实际情况。(2)是否坚持量入为出、收支平衡的原则。(3)收入、支出是否真实合理，采取的措施是否积极可行。(4)国家和本级为保障人民群众生活所规定的由财政承担的支出是否做了恰当安排。(5)其他重要问题。

上实现了统筹兼顾、量入为出、收支平衡。

（4）关于初步审查的效力。判断初审效力有无及强弱程度的一个重要标志是政府及其部门对人大提出的初审意见采取何种态度，对此《预算法》可以借鉴地方性预算审查监督立法模式，从程序角度规定各级政府负有限期内向人大常委会报告关于初审意见采纳情况的法定义务，允许各级政府就是否采纳初审意见以及完善整改的具体措施作出裁量，但必须说明理由。

（5）关于初步审查的时间。《预算法》修订后针对初步审查时限过短的问题，将中央预算草案的审查时间延长至45日。整体看，立法延续了偏重于时间总长的固有模式，至于何时启动初审仍然具有很大不确定性，同时各地已经出台的预算审查监督条例中对时长的设计与目前《预算法》修订的方向不尽一致。《预算法》将中央预算草案与地方各级预算草案提交初步审查的时间分别规定为全国人代会举行的45日前与地方本级人代会举行的30日前，而不少地方性预算审查监督条例对此的规定为本级人代会举行的45日前，换言之，《预算法》在涉及地方各级预算草案提交初步审查的时间上与现有的各地方性法规的规定存在冲突，这是在《预算法》修订之前即已经存在的问题，但是《预算法》修订时并未予以重视。

3. 大会审议环节

人大审议环节的监督在整个事前监督阶段最为薄弱，集中表现在这一环节的监督能够实质性改变预算草案的可能性很小，原因除了在于经历前面的预算编制介入与初步审查环节之后，预算草案的内容基本定型，改变的难度较大之外，还在于审议环节缺乏预算修正权的制度安排。预算修正权允许人大代表提起预算修正案，通过修正预算的方式彰显人大监督权威，同时避免全盘否定所带来的巨大政治冲突。而既有的询问、质询等方式无助于改变草案本身的内容，更多的是在政府及其部门与人大之间就个别问题搭建沟通的平台，并不会列入大会正式审议的范畴，由此产生的监督的权威性与法律效力显然不能与预算修正案相匹敌。由于预算修正权的缺失，最终的选择必然是整体通过政府预算，即使在此过程中提出询问或质询也不会改变审议的结果。

预算修正权在一些地方性的人大预算监督立法中已经成为一项正式的制度安排，其立法重心在于确定提起预算修正案的主体范围以及提出修正动议的形式要件,①并根据动议主体的不同对修正案的约束效力进行区分,②而对预算修正案的内容并无过多限制。应当指出的是,在上述立法授权的动议主体(比如大会主席团、人大常委会、常委会专门机构、人大代表)中,大会主席团是在大会预备会议上选举产生的全面承担大会各项事务工作的临时性组织,其能否有充分时间接触草案并提出修正案值得怀疑;人大常委会、人大各专门委员会在预算初审环节已经有机会就预算草案的问题提出修正意见,是否有必要在大会审议环节为其另设预算修正权同样存在疑问。因而有可能并且有必要赋予预算修正权的恰恰是人大代表,相对于人大常委会或各专门机构侧重于从宏观、整体层面对预算案的审视而言,人大代表更偏好、也更擅长的是通过整合各种来自民间基层的信息资源,吸纳公众直接、感性的利益诉求,再利用自身的专业素质去发掘预算安排中存在的问题,比如支出款项是否具体、明确,支出数量是否符合法定标准,支出绩效是否在预算安排中有所反映等,但是,其提出预算修正案的约束效力也是最弱的,是否列入正式审议议程还取决于大会主席团的态度。这种单纯依据动议主体的不同进行区别对待的立法模式缺乏正当性基础。反观国外预算修正权的相关立法,对于修正案内容的规制明显强于对形式的要求。当修正案涉及特定事项的变更时,应当遵循法

---

① 比如《广东省预算审批监督条例》第 14 条第 1 款规定:大会主席团、人民代表大会常务委员会、人民代表大会各专门委员会、人民代表大会代表 10 人以上联名,可以书面提出预算草案修正案,预算草案修正案必须对所提议的事项、理由作出详细说明;提出增加支出的修正案,必须相应提出增加收入或减少其他支出的具体方案。《海南省各级人民代表大会及其常务委员会审查监督预算条例》第 15 条规定:在人民代表大会会议期间,代表 10 人以上联名,可在主席团规定的期限内提出修改政府本级预算草案的议案,由主席团决定是否列入大会议程;或者先交人民代表大会有关专门委员会、人民代表大会设立的有关预算审查委员会审议,提出是否列入会议议程的意见,再由主席团决定是否列入大会议程。

② 比如《广东省预算审批监督条例》第 14 条第 2 款、第 3 款规定:大会主席团、人民代表大会常务委员会、人民代表大会各专门委员会提出的预算草案修正案,由大会主席团决定提交大会审议,或者先交人民代表大会财政经济委员会或者人民代表大会预算委员会审议,提出审议意见,再由大会主席团审议决定,提交大会审议;人民代表大会代表 10 人以上联名提出的预算草案修正案由大会主席团决定是否列入大会议程,或者先交人民代表大会财政经济委员会或者人民代表大会预算委员会审议,提出是否列入会议议程的意见,再由主席团审议决定是否提交大会审议。这就意味着预算修正案是否纳入正式审议议程取决于议案提出的主体以及大会主席团的态度。

定的限制性或禁止性义务。比如德国基本法规定,联邦议院决议的预算只能规定联邦收入和支出的有关事项,并且只限于该财政年度,不能通过预算决议来废除或停止适用现行的某一法律规定;又如英国及英联邦一些国家禁止议会对预算做增额修正,只允许做减额修正①,韩、日、德等国家则是附条件允许做增额修正,包括增额修正动议须经政府同意,或者经法定数量的议员联名,或者经议会内专门委员会审查,或者审计机关的审计,或者保证修正后预算收支平衡;另外,还有些国家禁止修正收入预算,或附条件允许减少收入预算而禁止扩大收入预算。② 由此可见,国外预算修正权的相关立法重心在于修正案的内容,并根据内容的不同设置相应的程序性或实体性规范要求,这种立法模式值得我国借鉴。我国在具体的制度设计上应当注意:将修正案动议主体的范围限定为达到一定数量的联名人大代表,在此基础上对修正案内容的限制性或禁止性要求作出明确规定,并对附条件允许修正的内容规定程序性(比如特定机构的审查或同意)及实体性(比如收支平衡)要件。

(二)完善预算执行中的人大预算监督法律制度

首先,预算执行中的变动应当比《预算法》上的"预算调整"概念的内涵更为宽泛,它既包括涉及总额变动的预算调整,也包括预算执行中的其他变动,例如预算科目流转、预备费动用、超收收入使用、预算周转金使用。对此,在《预算法》中应当予以明确,以确定与不同变动相适应的控制机制。在此基础上规定人大审议与行政裁量在决定上述变动中的权限,既实现人大对预算执行过程的动态与事前监督,也不妨碍预算执行中所需的弹性。例如对预算科目流转附加条件,规定超出一定范围的流转活动,包括特定经费的流转、人员经费流入、民生经费流出、经费流转总额达到总支出一定比例等,不允许行政裁量决定,而须经人大批准。当然,为提高效率,审议可以由人大内设机构来完成,并且允许对预算调整方案进行修正,而并非仅仅限于批准或否定。如果调整权限过于单一(要么全部通过,要么全部否定),则既会给审议机关或机构带来沉重的程序负担,也无法真正保障预算的效力。

其次,进一步扩大预算调整的适用范围,增强人大对预算执行中影响社会

---

① 所谓增额修正是指为预算案中的某一支出项目增加金额或增设预算中没有的支出项目;所谓减额修正是指削减预算案中的某一支出项目金额或全部删除某一支出项目。

② 张献勇:《论人大的预算修正权》,载《学术研究》2009 年第 7 期。

公共利益的重大变动实施监督的权力。属于预算调整范围的,应当包括预算总额的追加、追减及预算赤字水平的改变。建议在《预算法》规定的基础上,将预算执行中因法律法规导致预算支出总额增加的情形纳入预算调整范围,从而为预算之外的增支需求设置程序"过滤"机制。

再次,为避免预算调整过于频繁启动,也有必要限定预算调整的启动次数与时间。《预算法》规定"预算调整方案应当说明预算调整的理由、项目和数额",目的是通过对预算调整方案编制形式的要求,在一定程度上限制政府预算调整的启动权。但是由于预算调整启动的次数、时间等未作规定,而在理论上,基于政府部门裁量的"必须作出并需要进行"的预算调整可以多次反复进行,导致预算调整启动过于频繁,失去实质可控性,因此,预算调整的启动次数和时间应当限定。结合预算执行的实践,可以规定一年内预算调整的启动次数不得超过两次,时间集中于第三季度。

最后,《预算法》应当构建、完善地方人大对地方债的过程控制及对预算赤字的动态调节机制。修订后的《预算法》针对人大对地方债的管理主要体现在两个方面:一是全国人大及其常委会对地方债举借总额的审批,二是省级人大常委会对列入本级预算调整方案的举借债务的审批。立法提供的主要是人大对地方债的总额控制机制,而在地方债使用、偿还以及风险监控等过程控制方面,人大预算监督权与政府预算监督权的横向配置明显不均衡。相对于国务院及其财政部门的主导地位而言,人大整体上对地方债的运行过程缺乏必要的介入;与此同时,在人大权力体系内部,省级人大对同级政府地方债的运行监督缺乏法律依据。而事实上,无论是应然层面地方人大与政府权力均衡配置的需要,还是基于实然层面地方人大相对于中央政府部门具有的信息优势,都应当赋予省级人大及其常委会对地方债的过程控制的权力。当然,国务院财政部门可以发挥其在不同区域间统筹协调与信息整合的优势,在此基础上,地方人大及其常委会与国务院财政部门可以建立地方债过程控制的协作与信息共享机制。该机制与全国人大及其常委会负责审批的债务总额控制机制、国务院负责审批的分区债务限额控制机制一并构成地方债完整的法律规制机制。除了强化地方人大对地方债的过程控制之外,还应当进一步完善地方人大对预算赤字的动态调节机制。《预算法》允许省级一般公共预算年度执行中增列赤字并在下一预算年度予以弥补,从而建立了跨年度预算平衡机制,这是对传统的年度性原则及平衡性原则的重大突破。但是尚未解决的问题是,这种机制仅仅解决了预算赤字在不同预算年度之间的动态调节问题,而没有解决在更为宏观的中长期预算年度内究竟如何控制包括支出在内的财政总额问题，因此，尽管在跨年度区间内预算可以逐步实现平衡，但是总的支出却在不断上升，收支不平衡的压力以及财政不稳定性的风险也将持续存在。事实上，从十八届三中全会提出"从单纯的赤字规模审查转向支出预算及政策的审查"能够看出，预算赤字控制的方向已经转向外部支出及相关政策的审查，这就涉及对影响支出水平的公共政策进行预算成本审查的问题。基于此，《预算法》不能仅仅停留在预算赤字的跨年度调节上，还应当进一步建立实体性的控制机制，包括总额控制机制以及在此基础上形成中长期支出框架，这是从源头上控制支出进而减少赤字的基本途径。

第三章
财政运行中的公众参与及其法治保障①

20世纪60年代,以颁布"伟大社会"(Great Society)法案为契机,美国开始推行一系列联邦反贫困项目,由此开启了"公众参与运动"的序幕,公众有机会参与财政支出项目的选择并对财政执行过程进行监督,而非仅仅作为财政支出结果的被动承受者。进入70年代,世界范围内普遍而又持续性地掀起了公众参与财政运行的浪潮。具有代表性的是公众参与预算制定的"参与式预算"、以公众申请财政信息公开为内容的财政支出监督、公众参与财政支出的绩效评估等。从实践来看,公众没有仅仅充当财政运行过程的旁观者。然而,在理论上公众参与并不是一开始就被学界承认的,财政事务因事关国家收支安排而一度被披上神秘的面纱。相比于观念误区更引人深思的是,当实践中已经不断发展出丰富多样的公众参与的形态时,相关的法治保障仍然滞后于现实的需要,这种状况无疑制约了公众参与的进一步完善。那么,财政运行中公众参与的动因究竟是什么,参与的类型包括哪些,财政运行中公众参与面临的制度困境与出路又在哪里?笔者拟对此展开探讨,以期推动我国的财政民主法治进程。

一、财政运行中公众参与的动因

在"公众参与运动""参与式预算""申请财政信息公开""参与财政绩效评估"等实践中,"公众参与"的概念有了全新的内涵。它不是指传统意义上的参与投票选举出代表自己作出财政决策的人,而是指公民直接参与财政决策、执行到结果评估的整个运行过程。相比而言,前者是一种间接参与、集体参与和

---

① 本章原载于《经济法论坛》第12卷,法律出版社2014年版。收入本书时进行了内容的部分调整。

局部参与,而后者体现的是直接参与、个别参与和全程参与。

在传统的公共管理理论中,公众参与一直是受到排斥的。公众是一个常常依凭经验作出价值判断并天然地对政策本身抱有正当性期待的群体,而公共管理所需要的恰恰是避免自身的价值倾向而专注于某个既定目标的手段选择。公众的核心作用就是利用其手中的选票选择代表其意志的管理者,至于具体的管理过程则由"中立的智者"(neutral competence)去执行,"一旦允许公众参与就等于是对公共管理采取了不必要的干预"。① 这种排斥公众参与公共管理的观念对具有技术性与专业性特点的财政活动产生了重要的影响。曾经在美国伊利诺伊州某市举行的一次关于"是建一座水塔还是挖一口井"的财政咨询会上,该市官员认为"这个决定是技术性的,是由技术人员共同决定的,不是市民的能力所能决定的"②。这种看法很具代表性。财政理论的一个传统观点便认为"纳税人和决策者是分离的",作为提供财政资金的普通公众并不能直接决定财政支出的方向,他们可以选举代表其意志的人参与财政决策或者在决策实施阶段参与公共监督。那么,究竟是什么原因促使公众直接地、个别地、全程性地参与财政运行呢?

(一)实现财政决策的正当性

财政决策的核心内容是进行预算收支的安排。对这种安排正当性的追问,主要不是看它是否合乎法律规定,而是看该决策是否合乎受其影响的公众对于公平、正义、合理的价值判断。将这种主观偏好反映在决策过程中并影响决策结果的途径就是公众参与。

在传统意义上,判断公共决策正当性的标准有两种理论,分别是"传送带理论"和"专家理性理论"。前者认为公共决策的正当性来源于议会机关的授权,通过授权将民主代议机关的正当性"传送"给行政机关;后者认为公共决策的正当性来源于专家拥有的技术理性,只有拥有大量信息和专业知识的行政机关才能胜任日益复杂的规制任务。这两种理论都排斥了公众参与。而事实证明它们均不具有充分的解释力。依赖于通往议会机关的"传送带"的决策模

---

① [美]托马斯:《公共决策中的公民参与》,孙柏瑛译,中国人民大学出版社2010年版,第12页。

② [美]爱伦·鲁宾:《公共预算中的政治:收入与支出,借贷与平衡》,叶娟丽、马骏译,中国人民大学出版社2001年版,第157页。

式与实际状态并不吻合,因为行政机关常常充当自己的立法者进行自我"授权";一味信奉专家理性也并不能确保决策为公众接受,因为在某些涉及价值偏好和目标选择的决策情境中,局限于价值无涉的手段选择与技术分析可能背离决策初衷。

"传送带理论"和"专家理性理论"也一度成为指导财政决策的基本依据:一方面,预算民主、税收法定等财政法治原则试图在立法机关与行政机关之间建立"传送带",由此确立了由行政机关负责预算编制、立法机关负责预算审批的决策权分配机制;另一方面,财政决策中需要的成本效益分析又彰显了专家理性的作用,通过相关领域专业人士的参与,以更节省财政投入的方式实现更大的经济社会效益是财政决策的目标定位。但是严格意义上的"传送带"事实上是断裂的,相对于一般的公共决策,财政决策中的议会授权由于经济调控的复杂性和财政工具运用的频繁性而受到更严重的削弱;同时,财政作为国家收支活动所包含的政治意味使得完全适用专家理性也并非妥当。公众参与则在一定程度上可以缓解因"传送带"断裂而引发的关于财政决策正当性的质疑,这主要表现在通过提升财政决策的民主化程度和透明度来减弱对议会正式授权的依赖。公众参与还可以为财政决策提供不可替代的、个体化的价值判断和决策的信息基础,这种信息与专家所拥有的逻辑推理、经济分析知识具有同等重要的地位,尤其对于那些难以公平分享财政资源的弱势群体而言,参与决策过程无疑是消除社会排斥、实现社会公正的有效途径。

(二)完善财政监督、提升财政绩效水平

一项财政决策经由立法机关的批准就变成具有法定约束力的预算法案,执行机构应当严格依照预算的规定执行。但预算执行是一个开放的过程,会受到各种内外部因素的影响,比如经济形势的改变、公共突发事件的发生、公众关注焦点的转移、内部权力的调整等。因此,赋予行政部门执行预算的自由裁量权,允许其在预算年度内对预算案进行某种程度的改变是必要的,关键是加强财政监督,尤其是充分发挥公众的监督作用。相比于传统的公权监督(即立法、行政、司法监督),公众参与财政监督具有自身的优势。首先,立法监督侧重于事前,即审查并批准预算草案,而对于预算执行过程的监督,因受制于立法机关本身议事机制(比如会议召集、次数、时间等)的局限,以及在平衡授权与限权时存在的各种困难,使得立法监督并非完全有效。其次,行政监督是一种内部监督,是在行政系统内部设置一定的机构专司监督,比如审计、监察

等,其监督的有效性既取决于机构自身的独立性,又有赖于和其他部门的合作,如何平衡二者的关系无疑是行政监督体制所面临的难题。再次,司法监督能在多大程度上介入财政领域是司法角色定位中的棘手问题。在预算执行过程中,司法可以对某项具体的征税或支出行为的合法性作出判断,但是一般不会直接改变预算收支的整体安排,换言之,财政资源的配置属于立法机关或行政机关的裁量范围,如果要作出提高对涉讼服务的支出水平或者削减其他支出、增税等改变预算案内容的决定的,就会引发司法权僭越立法权或行政权的争议。公众参与财政监督则减少了上述各种公权监督所面临的权衡难题,其行动指向在通常情况下集中而明确,即要求提升财政透明度并获得财政资源的公平分享,而确保财政运行过程的较高透明度恰恰可以"润滑"财政自由裁量与财政控制之间的紧张关系,既保障行政机关必要的自由裁量权,亦借助公众参与强化对行政机关的监督;其运用的监督方式灵活多样,比如参与预算听证、申请财政信息公开、提起纳税人诉讼、发表评论等各种正式、非正式的机制。

公众不仅有必要参与财政监督,而且在财政运行的结果——绩效评价方面可以发挥独特的作用。立法、行政、司法对财政运行的控制主要体现在合法性与合规性上。而执行预算的效果如何,有无实现预算决策的目标,效果与目标之间的偏离程度,如何改进预算执行中的绩效水平,则属于财政绩效管理的内容。传统公权机关不仅受制于自身的角色定位而无法深入绩效管理的运作层面,而且它们所秉持的财政控制的观念与绩效管理的观念还存在明显的矛盾。那种只管财政资金分配的合法性与合规性而不问财政资金使用效果的传统预算模式本身就是绩效管理改革的对象,因此传统的财政监督力量并不能适应绩效管理的要求。而公众作为公共服务的接受者无疑是财政运行效果的最佳判断者,由其参与财政绩效评价是适应绩效管理要求的必然趋势。

(三)克服财政过度干预的负面效应

运用财政力量对一国经济和社会的发展进行干预已经成为世界各国的普遍选择。伴随着财政干预力度的增强与频率的增加,财政过度干预的负面效应也日益明显,其中以西方国家的福利国家危机和以中国为代表的转型期社会利益失衡最为典型。

现代福利国家是依托财政特有的转移支付手段实现社会再分配的产物,其特点是由国家承担对各种社会保障、公共福利的法定支出。近年来伴随着开支规模的不断扩大,除了产生收支平衡困难、经济效率损失、有违公平等显性问题之外,福利国家还面临着隐性但更为本质的矛盾,即这种由政府单方面、强制性推行的福利分配制度影响了个人自主性,从而面临合法性危机。[①]在交往行动理论的开创者哈贝马斯看来,有效的选择是发展有助于人们进行交往协商的公共领域,让它承载公众对公共问题的商讨,通过汇聚富有影响的解决问题的建议,最终促成具有约束力的法案,由此调动公共领域中的民主潜力来夯实福利国家法治的合法性基础。实践中发展起来的参与式预算,作为一种激发公众参与的民主机制,实际上便提供了一个以财政资源配置为商讨主题的公共领域,它有助于缓解福利国家面临的危机。

与西方国家因高福利支出所面临的诸多困境不同,处于由传统计划经济向现代市场经济转型的中国,则面临政府主导下优先发展经济的路径依赖,出现经济改革愈深入,利益失衡愈严重的问题。但是这并不意味着通过财政支出结构的调整——缩减经济建设支出,加大教育、医疗、就业、住房等领域的民生支出——就能够从根本上解决利益失衡的问题。深入探究利益失衡的原因,财政支出结构不合理或者民生支出规模过小的问题可能只是表象,而实质是社会弱势群体缺乏利益表达的适当通道。缺乏公众参与的财政运行过程更像是政府部门或者强势利益集团唱独角戏的演出过程,即使全部财政支出均投向社会民生,其结果也很难真正有利于民生。

二、财政运行中公众参与的类型与制度供给的现状

(一)预算决策中的公众参与及其制度供给状况

美国学者 Amstein Sherry 曾依据公众参与的能力及其对公共决策结果的影响程度,对公众参与的类型进行纵向排列,形成了一个"公民参与阶梯"。其中,能够分享乃至主导决策权力的公众参与处于最顶端——称为公民控制,而被赋予象征意义或者徒具参与之名的公众参与处于最底端——称为操纵或

---

① [德]哈贝马斯:《在事实与规范之间:关于法律和民主法治国的商谈理论》,童世骏译,三联书店 2003 年版,第 506 页。

矫治。① 按照这一思路,预算决策中的公众参与可以分为分享性参与、协商性参与、咨询性参与几种形式。在这些参与形式中,公众不同程度地扮演合作者的角色,其核心任务是确定财政支出项目的优先性(priority setting)。

1. 分享性参与

分享性参与是指公众分享制定财政预算的权力。其特点是:第一,打破了传统的由立法机关和行政机关垄断财政资源配置的格局。比如巴西阿雷格里市实行的参与式预算,是由每个社区的居民围绕交通、教育、社会福利、税收、城市发展五个方面的议题进行讨论,在初步确定预算投资方向和顺序的基础上,由当地政府根据居民需求的程度拟订预算方案。然后,再由各社区居民推举代表组成参与财政委员会(Council of Participatory Budgeting,COP),进一步讨论资源分配的标准、各社区的需求,并对政府提交的预算方案进行修改,在市政府有关机构的协助下制订预算草案,经充分协商、修改,直至形成最终的预算案提交议会通过。而该市的立法机关与行政机关不仅在确定公共需求的社区商谈阶段均被排除在外,而且立法机关的预算批准权与行政机关的预算制定权均受到明显削弱。② 第二,主要发生在低层级的政府、社区与公众之间。在整个政府权力体系中,位居低层的行政机关拥有少量财权和事权,它们既支配一定的财政资源,又不会承担过重的支出负荷;既具有一定的财政自主决策的空间,可以为吸纳公众参与财政决策提供现实条件,又与社区居民存在日常化的直接联系,需要及时反馈社区居民的问题,具有吸纳公众参与财政决策的必要性。居民社区是公众产生各种具体生活经验与多元化利益诉求的场所。第三,参与的具体方式包括两种:一是参与以确定财政支出优先性为内容的预算制定过程,二是以发展项目的方式参与项目的决策、管理和运作过程。第四,适用条件是财政决策事项期望得到公众认可的需求度较高;公众与行政机关围绕财政决策目标达成共识;社区存在较为成熟的组织载体、具备专业技术支持;具有稳定的资金来源。

---

① 贾西津:《中国公民参与:案例与模式》,社会科学文献出版社2008年版,第247~250页。

② 行政机关只是提供预算制定的基础方案,而立法机关往往是未作任何修正地批准预算。See Celina Souza, Participatory Budgeting in Brazilian Cities: Limits and Possibilities in Building Democratic Institutions, Environment and Urbanization, Vol. 13, 2001, p. 172.

2. 协商性参与

协商性参与是指公众的意见将被听取并影响财政决策结果。其特点是：第一，影响决策结果而不是分享决策权力。在作出财政收支安排时尊重公众的作用，以保证决策的正当性，使决策在一定程度上反映公众的价值偏好，但行政机关保留对公众意见合法性和可行性的评判权力以及最重要的制定预算的权力。第二，主要发生在低层级的政府与专门的协商机构之间。该机构运作的规范程度直接决定它对预算制定的影响程度。第三，参与的具体方式是先由公众组成专门的协商机构，通过定期召开会议的方式商讨地方预算方案，识别和确定预算支出的优先顺序，为地方政府的预算决策提供信息基础。第四，适用条件是财政决策事项包含一定的期望公众接受的需求，但在决策目标上公众与行政机关存在分歧，也就是说，行政机关预期公众的态度与其设定的目标不一致，就可能采取影响决策结果而非直接分享决策权的协商性参与方式，既尊重公众的意愿，同时又保证管理者目标的实现。

3. 咨询性参与

咨询性参与是指以获取信息为目标的公众参与。其特点是：第一，公众的意见仅为预算制定提供信息基础但并不会影响决策结果；第二，参与主体既可以是分散化、不特定的公众，也可以是受益范围内的特定公众；第三，可以选择一种或并用多种参与方式，包括听证、咨询顾问委员会、调查问卷、社区会议等；第四，适用条件是制定预算需要获取公众信息但无公众可接受性的要求。咨询性参与是实践中运用最多同时也是最饱受争议的一种公众参与方式，原因是它缺乏对预算制定产生实质性影响的作用机制，参与者的角色设置可能被虚化，导致参与者对参与的冷淡甚至抵制，这种状况反过来又进一步削弱了参与的实效性。笔者认为，咨询性参与的价值在于当一项预算安排的作出受制于技术分析、法规约束和可供分配的资金局限时，实行这种最低限度的参与，对于保证决策质量及降低参与者的参与成本是合理的选择。它为参与者提供了一种知识共享又可免去决策负担的选择，同时也并不减损参与者的知情权、建议权、监督权等权利的分量。至于能否产生主体间的权力制衡则有赖于进一步完善制度设计，而不是取消这种参与的类型，同时可以通过提供直接报酬、对参与成本给予补偿、提供人力资本培训等方式激励公众参与。

如果我们将有关预算决策中公众参与的制度供给限定于由立法机关或者有权部门制定的正式规范的话，那么，有关财政决策中公众参与的制度供给水平是所有参与类型中最低的一种。尽管如此,一国或地区正式制度完备的程度与公众参与预算决策的实际程度(如参与的公众范围、公众对最终决策的影响程度、分享决策权的程度等)之间并不成正比关系。在一些公众参与程度较高的地区,非正式制度反而起到关键作用。比如在巴西,公众参与预算制定的过程,基本上是由一些内部规则(internal regulations)就参与代表的选举、资源分配的标准、协商机构的责任、会议程序等问题作出规定,而很少有正式的立法规范作为依据,巴西的参与式预算是世界公认的公众参与财政决策的典范和标杆;我国一些地方基层政府推行以"民主恳谈"为载体的公众参与预算制定的实践,被看作是中国基层民主政治建设的成功尝试,指导这一民主实践的基本依据既包括在该地长期实行的习俗惯例、基层政策文件,也包括由基层人大颁布的规定,而后者在内容上大都是对前者的确认。上述实践提供了一种公众参与的非正式的制度衍生模式,它可能具有更为坚实的社会基础与更强大的适应力。非正式制度存在相关主体权责模糊、约束力不足、易受人为主观因素影响等弊端,需要与正式制度有机结合,对参与的主体范围与决策事项的范围、参与主体的权利义务与责任、参与程序等作出明确规定。总之,财政决策中公众参与的制度供给是一个多元化的格局,不能以单一的正式制度的标准去评判,更不能不切实际地盲目进行制度移植,追求形式上的完备,而忽视公众参与的实践推进。

(二)预算执行中的公众参与

在预算决策阶段所确定的支出优先性能否真正实现,关键在于执行过程。在这一过程中,公众将扮演监督者的角色。

预算执行中的公众参与具体表现为:公众申请财政信息公开、提起纳税人诉讼以及运用其他开放性的利益表达机制监督财政执行。其共同特点首先在于公众参与的主动性。只要相关制度予以确认或不作禁止性规定,公众就能自主启动参与程序,相比于财政决策中的公众参与,后者具有被动性,其参与的程度要受制于行政机关的考量与选择。其次,预算执行中的公众参与者与行政机关之间更多处于利益冲突的状态,双方有不同的利益诉求,而预算决策中的各方参与者之间处于合作状态,旨在达成关于财政资源配置的共识。再次,预算执行中公众的参与行为具有明确的法定性与目标行为的可诉性,表现在一是国家均以正式法律的形式明确赋予公众享有知悉财政信息的权利,规定行政机关负有法定的公开相关信息的义务,并承担信息公开违法行为的法律责任;二是纳税人诉讼借助判例或立法的形式得以建立,在英美法上普遍承认纳税人以其纳税人之身份拥有请求禁止公共资金违法支出的诉讼请求权;①三是公开发表关于财政执行问题的言论作为宪法上公众言论自由权的体现亦得到宪法的确认。相比而言,预算决策中公众参与的法定性与决策行为本身的可诉性较弱。

1. 申请财政信息公开

财政信息是公共信息的主要组成部分,包括财政预算的具体安排、财政收支执行状况、财政运行绩效与风险评估状况、财政政策走向及相关数据预测、反映财政状况的其他信息等。申请财政信息公开是公众参与财政运行过程的重要表现方式,以申请财政信息公开的方式参与财政运行过程,其基本特点是参与的正当性与限制性并存:一方面,参与具有法定的权利依据,申请财政信息公开是公众行使知情权的重要表现;另一方面,参与可能因其他"例外"情形的存在而被排除,比如涉及国家安全、经济安全等内容的财政信息一般属于不予公开之列。

2. 纳税人诉讼

纳税人诉讼是公众以纳税人的身份就政府的征税行为与公共支出行为向法院提起的诉讼,是普通公众参与的、诉诸特定诉讼程序而实现财政监督的一种方式。相对于财政运行中的其他公众参与方式,纳税人诉讼的最大特点在于:由纳税人启动司法审查程序,借助司法权制衡政府的财政权,体现了财政运行过程中以私人权利制约公共权力的思想。同时司法自身的功能局限也是纳税人诉讼存在及发展过程中面临的最大挑战。一方面,作为纳税人诉讼主要受案范围的财政支出行为,对其性质的定位直接决定司法介入的边界:如果将公共支出行为定位成一种宏观调控行为,那么其可诉性势必受到削弱,公众参与无法实现;但是如果将财政支出行为看作是影响特定当事人利益的具体行政行为,则司法介入的理由便很充分。另一方面,从传统诉讼理论来看,诉讼利益理论、原告主体适格等理论都要求诉讼与当事人有直接的利益关系,而纳税人诉讼是基于公共利益提起,与私益并没有直接关联,与传统诉讼理论存在冲突。

---

① [日]田中英夫、[日]竹内昭夫:《私人在法实现中的作用》,李薇译,法律出版社2006年版,第54页。

3. 开放性的利益表达机制

开放性的利益表达机制不局限于某种固定的模式。公众以个体的或组织化的身份，借助传媒、网络、信访、座谈等多种方式，定期或不定期地就财政收支过程中的问题发表意见和建议。其中，组织化的、定期发表专业意见和建议的表达机制，对现实影响较大。比如根据世界银行的研究资料，克罗地亚公共财政协会对引导和教育该国公众参与财政发挥了显著作用。我国一些专业性的科研机构也经常出具国家财政发展报告，通过对一定时期的财政运行状况进行全面总结和评估，影响财政决策，推进财政法治的完善。

预算执行中公众参与的制度供给相对较为完备。尽管在国外直接针对财政收支行为的公众参与制度并不充分、具体内容上并不完全一致，但三种具体的参与方式都获得了法律的授权，均指向财政的透明度问题。申请财政信息公开依托于政府信息公开制度而具有正当性，纳税人诉讼在英美法系经由判例、在大陆法系经由诉讼程序方面的制度及一些特别立法①而得以确立,开放性的利益表达机制则借由宪法上的言论自由权、结社权获得认可。应当指出的是,在我国关于财政信息公开的法律依据中,《政府信息公开条例》仅仅提供了一个基本框架,并不具有针对性和可操作性,财政部颁布的直接涉及财政预算信息公开的规范性文件对公众知情权的保护仍有不足;关于纳税人诉讼在我国基本处于理论探讨阶段,虽有零星实践但并无明确法律依据;开放性的利益表达机制渠道单一,一般公众对财政预算的监督意识淡薄。

---

① 如日本通过其《地方自治法》确立的居民诉讼包含有纳税人诉讼的内容,但是与英美法系的纳税人诉讼并不能完全等同。在日本,与纳税人诉讼相关的概念有民众诉讼、居民诉讼,它们的关系需要进一步厘清。日本的《行政案件诉讼法》将当事人"为纠正国家或公共团体机关的违法行为,以选举人资格和法律上无利害关系之资格所提起的诉讼"作为行政案件的一种诉讼形式,称之为"民众诉讼",如《公职选举法》规定的选举诉讼、《地方自治法》规定的居民诉讼即属于此种诉讼类型。其中《地方自治法》规定的居民诉讼是指普通地方公共团体的居民,对与自己法律上的利益无关,完全以公共团体财产管理的公正运行为目的,请求纠正公共团体的机关不符合法律规定的行为,经过监察请求后而提起的行政诉讼。经过判例的发展,其审查范围也从财务会计法规范违反事件扩大到与财政支出相关的非财务行为,包括制止地方公共团体及其职员违法财务行为之诉讼;撤销地方公共团体及其职员的违法财务行为,或确认该行为无效之诉讼;确认有关怠慢课征税赋或管理公有财产等行为违法之诉讼;就地方公共团体及其职员的违法财务行为,请求损害赔偿或返还不当得利损害赔偿之诉讼。由此可以看出,《地方自治法》上规定的居民诉讼的范围与英美法系的纳税人诉讼的范围存在交叉,两者的区别是:第一,居民诉讼的原告不一定是纳税人,而英美法系上的纳税人诉讼原告必须是纳税人。第二,居民诉讼的启动是以居民提起监察请求为前置程序的。换言之,只有先提起监察请求,对于监察委员的监察结果或者执行机关执行监察机关劝告的措施仍然不服时才有权提起居民诉讼。未提起监察请求者,虽然可以参加诉讼,但是,却不能成为原告;英美法系上的纳税人诉讼并无前置程序的要求。第三,居民诉讼针对的是法律有明确规定的地方公共团体及其职员的财务违法行为,而英美法系上的纳税人诉讼请求范围较宽,凡是政府公共机构及其职员的违法、欺诈、渎职行为,纳税人都有权提起纳税人诉讼,并且纳税人诉讼不仅针对州、地方的违法行为,而且联邦纳税人有权针对联邦财政资金的违法使用提起纳税人诉讼。关于日本居民诉讼与美国纳税人诉讼的具体论述可参见[日]田中英夫、[日]竹内昭夫:《私人在法实现中的作用》,李薇译,法律出版社 2006 年版;陈晴:《纳税人诉讼制度的域外考察及其借鉴》,载《法学评论》2009 年第 2 期。

(三)财政支出绩效评估中的公众参与

财政运行是一个从预算决策、收支执行到支出结果评价的完整、动态的过程。对结果的评价不仅仅包含对行政机关是否依照预算的安排完成财政资源的配置的评价——这是一种合法性评价,更主要的是包含对财政投入后的产出及其实现既定目标的程度进行绩效评估。公众作为公共服务的接受者、体验者在绩效评估中扮演了重要的角色。财政支出绩效评估中的公众参与具有以下特点:一是不可替代性。对于公共服务的质量状况、满意程度,公众的亲身体验无疑是最具直观性且最有说服力的。公众的感性认知、利益关怀、价值诉求甚至埋怨指责都提供了判断财政支出效果的独特信息基础,而在前述决策与执行中的公众参与都并非不可替代。二是条件约束性。对于财政支出绩效评估中的公众参与,关键是采集、处理公众评价的信息并进行运用,因而公众参与的程度与效果要受制于信息采集处理的技术安排和信息运用的程序设计。① 这是财政决策与执行中的公众参与所不具有的。三是持续性。与财政决策、执行中的公众参与有所不同,财政支出绩效评估中的公众参与应当在较长时期内持续、反复进行,成为一种常态化的运行机制。

财政支出绩效评估目前已被越来越多的国家纳入法治化轨道,包括中国在内的很多国家都制定了专门的财政支出绩效评估规范。但绩效评估中公众参与的地位、作用、权利或义务、救济或责任等问题缺乏明确的规定,更多的是将公众参与作为财政支出绩效评估的一种方法,而并非将公众作为一种独立的参与主体看待。

---

① 为获得公众感知的第一手信息就必须准备一套可行的实施方案,包括调查方案的设计、统计样本的选择和信息加工处理方法的运用。在此基础上,需要进一步考虑经处理分析得出的结论与采取行动之间如何搭建有效的链条,比如财政支出绩效的结论是否立即公布?该结论对于新一轮财政预算安排有无影响?结论公布后是否召开由公众参加的听证会,让相关部门对公共服务中存在的问题进行反馈?

三、完善财政运行中公众参与的法治路径
——基于整体性的研究视角

仅就每一种公众参与的类型来看,显然均面临若干制度完善或重建的任务,若逐一提供对策建议,则既可能与现有研究相重叠,亦不利于对公众参与财政实务的整体认知。更为重要的是,在进行具体制度构建之前,唯有首先从整体性研究视角,全面审视财政运行中公众参与面临的共同问题,才有利于把握法治保障的基本方向,并为具体制度构建提供运行基础和实施条件。为此,笔者认为,完善财政运行中公众参与的法治路径包括权利配置机制、参与激励机制和参与约束机制三个方面,同时注意公众参与法治化的限度。

(一)财政运行中公众参与的权利配置机制

无论何种类型的公众参与,其本质都是一种民主机制。而在实现民主的方式选择上,不应缺少权利的配置。这是财政运行中公众参与面临的第一个共同问题。正如学者所言,"如果没有权利就没有民主"。① 需要进一步分析的是,这种权利的性质和类型究竟是什么?财政运行中公众应当享有多种参与权,形成一个多层次、有区分度的参与权体系。这个权利体系包括财政信息的知情权、提起纳税人诉讼权、发表涉及财政运行情况的言论自由权、获得信息的反馈权、预算决策制定的分享权。参与权体系的内容对应财政运行中公众参与的几种类型,既有程序性的权利,也有实体性的权利,而不宜采取一元化的制度建构模式。有学者针对价格听证中的公众参与问题曾指出,由于在参与过程中,公众未被赋予"实体性的权利",未形成能对政府决策产生影响的结构性约束机制,因而,其参与者的角色是虚化的,是否采纳公众意见是随意的。② 这种强调对参与公众的权利进行"充实"而非仅仅依赖程序性规则、强调角色之间的制衡而非简单的角色设置的看法很具代表性。但这种整体性、

---

① [美]孙斯坦:《论设计民主:宪法的作用》,金朝武译,法律出版社2006年版,第1页。
② 王锡锌:《公共决策中的大众、专家与政府——以中国价格决策听证制度为个案的研究视角》,载《中外法学》2006年第4期。

静态性的赋权机制并不适合于财政运行过程。因为:(1)财政运行的过程是一个动态过程,在其向公众赋权的同时,可能在某个层次上(比如预算决策)存在公众参与的必要性与限度问题。如果对公众参与采取整体性、静态性的赋权机制,并不能适应财政运行过程的现实需要。决定赋权程度高低的依据是财政决策事项期望得到公众认可的程度的高低,期望得到认可的程度越高,就越适宜采取分权程度较高的参与类型,反之,则采取分权程度较低的参与类型。(2)赋权的对象群体本身存在极大差异,只有强调对那些先前被排斥在外的公众进行赋权而不是停留于概括授权的层面才能保证财政运行过程的民主和公平。(3)建立公众参与的实体性赋权机制,势必对传统的由政府、议会主导的权力格局形成冲击,如何妥当安排公众、政府和议会三者在财政决策中的地位在上述研究中是被忽视的,而这恰恰是财政运行中的公众参与所不可回避的问题。对此,笔者认为,公众参与财政运行的实体性权利即公众参与预算决策的权利,其行使范围限定于低层级政府的财政决策,而对全国范围内的财政决策仍然以代议制民主的方式进行;同时扩大地方政府的财权,使其可以提供相当的资源用以推行预算决策中的公众参与;保留立法机关对财政预算的审议权,但其权力行使的方式、影响的程度可以灵活多样,留待各地区结合自身特点、政治传统选择适用。

(二)财政运行中公众参与的激励机制

财政运行中公众参与面临的第二个共同问题就是参与动力不足。因为参与是一种理性选择行为,当遭遇内部或外部的各种阻碍时,不参与反而是理性的。在根本上,激励公众参与有赖于民主文化的传承与公共理性精神的熏陶。法治的作用在于通过其独有的权威性、稳定性与可操作性的规范体系提供一种民主参与的知识和技巧,培育公众的民主观念与理性参与公共事务的精神品格,教育参与者什么是参与、如何参与、如何保障自己的参与,形成在"制度与参与者的心理品质和态度之间的互动性与持续的关联性"。[①] 在这一意义上,界定财政运行中公众参与的类型、赋予公众参与的各种权利、提供公众参与的法治保障机制,尤其是提供一套可行的参与培训机制,以帮助公众应对各种专业性、技术性极强的财政事务,克服外行参与的障碍,乃是激励公众参与

---

① [美]卡罗尔·佩特曼:《参与和民主理论》,陈尧译,上海人民出版社2006年版,第22页。

财政运行的根本途径。

除此之外,有效的程序安排、合理的补偿机制以及灵活多样的参与方式设计都是激励公众参与的重要途径。有效的程序安排包括参与预算决策的议事程序、申请财政信息公开的行政程序、纳税人诉讼程序、公众参与的反馈程序等。上述程序应当基于降低公众参与门槛、节省公众参与成本、提升公众参与的影响力而展开,建立并完善预算决策中的投票规则、预算执行中的参与者资格扩充机制、财政支出绩效评估中的参与反馈机制。合理的补偿机制是指对公众参与财政运行的费用进行补偿,补偿的标准、额度及发放的方式可以根据参与的类型而确定。比如为发挥私人在监督财政运行中的作用,可以考虑降低甚至免除纳税人提起纳税人诉讼的费用负担,或者对胜诉的纳税人给予奖励,通过减少损失或增加利益的方式激励私人提起诉讼。灵活多样的参与方式是指允许利用各种技术手段实现参与目标,提高参与效率,比如利用网络技术、公共通信技术推进参与式预算的决策过程,实现多人、异地、共时地参与预算讨论。

(三)财政运行中公众参与的约束机制

财政运行中的公众参与还面临第三个共同问题,就是参与结果出现的两个矛盾:一是公众参与与财政支出扩张的矛盾,二是公众参与与社会公共利益的矛盾。公众参与可能助长财政支出的扩张,进而导致预算收支失衡。对此,有学者从实证经验的角度指出"预算对利益集团和公众越公开,预算过程越民主,总体预算要求就越可能超过可行的预算额",[1]而之所以出现这种现象,与参与者仅仅顾及短期、现实的福利水平而忽视长期的预算平衡要求有关。[2]公众参与是否比没有参与更能实现社会公共利益,也值得关注。例如公众参与可能演变为"一种在短期内回应社区最急需诉求的实践",[3]而结果是否与地方长期规划、整体发展战略相适应是存在疑问的。社会公共利益可能因各

---

[1] [美]爱伦·鲁宾:《公共预算中的政治:收入与支出,借贷与平衡》,叶娟丽、马骏译,中国人民大学出版社2001年版,第100页。

[2] [美]布坎南、[美]瓦格纳:《赤字中的民主》,刘延安、罗光译,北京经济学院出版社1988年版,第101页。

[3] Yves Cabannes, Participatory Budgeting: a Significant Contribution to Participatory Democracy, Environment and Urbanization, Vol.16, 2004, p.41.

种原因被虚化。例如参与者过度关注资源配置而忽视利益平衡,参与过程中参与者的代表性存在局限、程序设计不尽合理等。当然,将服务于自身利益作为激励参与的动力也是现实中运作公众参与的重要考量,完全强调志愿意识、承诺不计报酬地为公共利益服务恐怕也难以为现实认可。对此,应当在确保参与动力的同时,建立公众参与的约束机制,具体包括两个方面的内容:一是参与边界上的约束,二是参与过程中的约束。

1. 参与边界上的约束

诚如前述,公众参与财政运行过程会存在边界问题。当财政运行中不应当或不必要由公众参与而事实上公众又以不同方式参与其中,或者公众参与财政运行的层次、程度有偏差,都可能导致一系列负面问题的出现,比如财政决策质量下降、财政运行成本增加、公共需求满足迟缓。这种状况不仅有损公共利益,难以实现预期的参与目标,而且会贬损公众参与的积极价值。因此,确定财政运行中公众参与的边界是极为必要的。

在立法上确定公众参与的边界可以采取排除法,即法律上明示不宜公众参与的情形,同时在判断是否"适宜"的问题上,赋予财政行政机关一定的自由裁量权。除了尽可能在立法层面上明晰公众参与的例外情形,在具体实施过程中应当尽量避免两种倾向:一是财政行政机关以专业性、技术性为由,扭曲"适宜性"的解释标准,滥用自由裁量权,排斥公众参与;二是财政行政机关不适当地扩大公众参与,利用公众参与逃避责任承担,人为延缓决策进度或者增加改革、创新的成本。

2. 参与过程中的约束

促使公众将私人利益与公共利益有机结合,这是对公众参与过程进行约束的基本任务。与激励机制有赖于民主精神的内化一样,约束机制在根本上也取决于参与者的自我克制。但参与者的个体理性决定了在其参与公共事务的过程中可能会最大限度地争取个体利益最大化。因此,公众参与者并不天然代表公共利益,它可能有助于在原有的权力格局(立法、行政、司法)之下增加一种博弈和平衡的力量,但其自身也必须受到限制,尤其是来自法制的约束。任何权利(力)都应当受到制约,即使是公众的财政参与权也不能例外。这一约束机制包括两个方面:一是利益代表的甄选,二是参与过程的程序设计。

关于利益代表的甄选。在预算决策及其执行的过程中,各种利益集团作为公众的"代理人"参与其中,是一种较为常见的现象。比如在最早一批实施参与式预算的拉美国家,公众直接参与的往往是商讨公共需求、拟定预算投资方向或优先顺序的社区会议,而真正进行财政决策的是由公众推举代表组成类似于预算委员会或理事会的机构来担当的;在其他一些地方也普遍存在代表公众表达诉求、促进财政信息公开、监督财政支出行为的各种研究机构、公共论坛等非政府组织。而这些推举出的代表或代言机构能否真正代表公众的利益,尤其是被边缘化的社会弱势群体的利益,会不会出现与传统代议制相同的问题实际上是存在疑问的。既有的研究已经证明,一些非政府组织的利益代言性与社会阶层的代表性有同向构成的倾向,[①]即社会弱势群体获得利益代言的机会少或者所获代言的影响程度小,社会强势群体获得利益代言的机会多或者所获代言的影响程度大。这也就意味着,即使在预算制定中拥有同等的投票权,但代表不同利益群体的社会组织对最终决策结果的影响力是有差异的,公众参与的结果将难以避免重蹈传统代议制的覆辙。要解决这个问题不能靠取消代议制,财政运行中的公众参与作为一种直接民主的实践方式,并不排斥代议制。解决问题的关键在于建立有效的利益代表甄选机制,包括利益代表的资格确立与审查规则、利益代表的产生与变更规则,其目的在于保障社会弱势群体获得参与财政运行的足够的利益代表,确保利益代表的广泛性与公信力。

关于参与过程的程序设计。程序是限制恣意的产物,是对参与其中的各种角色进行分工、处理相互间关系并作出一定决定的机制。对于参与财政运行过程的公众而言,程序既是保障其获得公平合理对待的有效手段,也是约束公众参与者、促使其理性选择和表达的重要工具。财政运行中的公众参与程序包括预算决策程序、申请财政信息公开程序、纳税人诉讼程序、开放式表达程序、财政绩效评估程序。每种程序各有不同的目的、内容和要求,但在总体上,参与过程的程序设计应当遵循公开性、透明性、利害关系人回避、公平性、高效性原则。

(四)财政运行中公众参与的法治化限度

财政运行中的公众参与作为一种民主实践,有赖于法治的持续推动。其中尤其是具有稳定性、普遍性、权威性的正式制度对于促进公众参与财政运行

---

① 贾西津:《中国公民参与:案例与模式》,社会科学文献出版社2008年版,第11页。

过程具有重要的价值。但是值得注意的是,法治化本身应当保持一定的限度。过低或过高程度的法治化均不利于推行公众参与。过低程度的法治化意味着财政运行中的公众参与缺乏必要的赋权机制,这种参与可能演变成一种走过场的形式;过高程度的法治化则又可能带来另一种风险,即参与过程容易出现工具化倾向及被人为操纵的问题,或者不恰当地挤占非正式制度的生存空间,遏制了民间自发制度创新的动力,反而不利于公众参与。要保持适度的法治化水平,笔者认为可以从以下方面入手:一是注重制度供给的刚性与弹性的结合。制度的刚性可以体现在公众参与者的财政参与权上,应当尽可能对权利的边界、内涵、行使方式等作出明确规定,防范行政裁量权对公众财政参与权的干扰和侵害;制度的弹性可以体现在公众参与财政运行的类型、方式的选择上。二是选择多种立法模式,充分利用现有制度资源。可以根据公众参与的各种类型并结合已有法律规范的情况分别作出规定,而不宜采取一体化的统一立法模式。比如在《政府信息公开条例》的基础上对公众申请财政信息公开的范围、方式、救济等作出进一步规定;在现有诉讼法的基础上,通过扩充适格原告的范围,明确纳税人诉讼的受案范围及相关程序,建立纳税人诉讼的制度框架。即使要选择一体化的统一立法模式,也仅就公众参与财政运行的一般原则及具有共同性的内容作出概括性规定,比如在《预算法》中规定公众参与预算制定、公众参与预算执行、公众参与财政支出绩效评估的基本权利和原则。应予以说明的是,新修订的《预算法》规定县级以下人大在审查预算草案前应当采取多种形式听取选民和社会各界的意见,这在一定程度上为公众参与预算决策提供了法律依据,但是在财政运行的其他环节上的公众参与及其制度供给仍有缺失。因此,建议在《预算法》进一步修订完善过程中为公众参与财政运行的各个环节提供基本的法治保障。三是重视非正式制度。非正式制度具有的弹性、开放性、非标准化等特点,对于调节公众参与财政运行,尤其是公众参与预算决策的法治化水平具有重要的作用。

第四章
实施民生财政的法律救济

毋庸置疑,保障与改善民生已经成为公共政策与学术研究集中关注的话题,民生财政的提出便是顺应这一社会关切的产物。实践中民生财政主要奉行的是自上而下的资源分配与投入增长的实施路径,这对于迅速矫正公共财政的结构偏差、促进政府职能转型有其重要作用,但是由于缺少自下而上的利益表达与受损补偿的法律救济机制,仍然难以从根本上实现民生财政的人本理念与人权目标,甚至可能导致民生财政异化为片面追逐投入规模的数字游戏。因此,建立与民生财政相契合的法律救济机制对于真正保障资源投入向民生倾斜至关重要。

一、法律救济之于民生财政的价值关联

法律救济就其一般含义而言,包含两层意思,即通过排除权利行使的障碍,促使冲突主体继续履行应履行的义务,以使权利的原有状况得以恢复;在不能"恢复原状"的情形下,通过和解或强制的方式使由冲突或纠纷造成的损失得到合理补偿。① 法律救济之于民生财政具有不容忽视的现实价值,法律救济的缺失或者不足将成为影响民生财政实施效果的严重羁绊。

(一)法律救济契合民生财政的人本理念

民生财政是指在人本价值理念指导下依托法治的力量向社会民生需求倾斜的财政运行机制。构成民生财政判断标准之一的是人本性,只有以保障与

---

① 程燎原、王人博:《赢得神圣——权利及其救济通论》,山东人民出版社1998年版,第360页。

改善民生、提升人的生存质量为目标的财政才是民生财政。① 因此,实施民生财政不仅需要维护财政管理秩序,而且需要吸纳社会公众的诉求。他们既是财政活动的受益者,也是无可置疑的财政收入负担者。如果民生财政的实施不能及时反映公众的偏好并为其提供救济渠道,那么民生财政的实施结果除了激励财政支出的飙升之外,对于真正改善民生收效甚微,甚至还会引发人们对实施民生财政正当性的质疑。法律救济为民生财政提供了一个自下而上、以权利制衡权力的程序运行机制,促使民生财政建立在现实的、具体的、可直接感知的人本基础之上。当财政活动的受益人与收入负担者认为宪法或法律赋予他们的权利未得到充分保障,进而能够获得表达诉求与争取利益的机会,那么,无论结果如何,都将有助于提升财政活动的正当性,这就彰显了程序的价值。至于能否解决实体问题,能否针对政府不作为重新调整资源配置则取决于一国司法机关的地位、能动性及司法保障的传统。但毋庸置疑的是,允许财政活动的受益人或者财政收入负担者提出异议至少应当与强调直接的财政给付同等重要,前者对于彰显民生财政的人本理念不可或缺。从权力容易被滥用的角度来讲,更应当对财政给付抱以审慎态度。

(二)法律救济是实现民生财政人权目标的内在要求

在根本上,财政活动存在的正当性依据并不在于克服市场失灵产生的非效率而是保障人权。尽管从市场失灵到财政干预,是财政学、经济学理论所采取的论证方式,但是从历史发展来看,人们之所以认可国家的财政活动是源自个体权利的实现有赖于财政,"保障与促进人权是现代国家财政运行的终极价值与根本目的所在"。② 民生财政的提出将财政的这种人权价值进一步显性化。如果说公共财政的概念还容易使人联想到财政的公共经济属性及其与市场私域的边界划分,那么民生财政的概念更能彰显财政的人权价值属性以及对财政权力与个体权利的重新配置。人权并不是一项停留于法律文本上的宣示权利,它应当能够转化为实有权利,这一转化的途径便是法律救济。通过建立法律救济机制,为利益受损者提供补偿,将有助于实现民生财政的人权目标。

---

① 陈治:《论我国构建民生财政的法制保障》,载《当代法学》2011年第4期。

② 周刚志:《论公共财政与宪政国家——作为财政宪法学的一种理论前言》,北京大学出版社2005年版,第115页。

(三)法律救济是实现民生财政法治化的关键机制

如果承认民生财政的实施绝不是单一的从经济、政治或社会的层面决定增加民生投入的过程,还涉及对财政权力限制与对个体权利保障的法治化过程,那么,为利益受损者提供救济就是实现民生财政法治化的关键机制。这里涉及的一个问题是如何理解民生财政的法治化?正如哈耶克在评价财政立法时指出的,它们并不是一套体现法治精神的正当行为规则。正当行为规则秉持形式正义的观念,强调的是"对法律的绝对忠诚"。① 据此判断,财政立法在多个方面背离了法治的要求。例如,它们往往旨在实现特定目的,更加强调相对人的义务,偏重行政管理,普遍缺乏将司法作为监督或审查财政活动的最终机制。那么,这里所说的"民生财政的法治化"是应当与一般法治精神相契合还是另寻他途?从财政预算法治的实践方向来看,适度扩张行政机关的管理责任,弱化立法机关的外部控制已经成为一种现实选择,这既是源自在福利行政、给付行政背景下,人们对政府功能的积极期待,也与现代社会面对各类风险挑战寻求政府的支持密不可分,同时预算管理自身的复杂性、技术性、专业性也强化了行政机关的主导地位。诸种因素决定了再套用一般法治模板来构造民生财政的规范体系,将无法适应现实发展的要求。但是保障权利、限制权力,为受损害的权利提供法律救济仍然是现代社会应当恪守的基本法治精神。平衡法治精神与现实诉求的关键在于放松对财政活动的立法约束,同时强化司法监督与社会监督。法律救济是联系司法监督与社会监督的重要桥梁。社会监督的主体之一是公众,公众发起监督的方式除了包括向立法机关或行政机关举报、建议之外,还包括向法院起诉,通过启动诉讼程序,借助司法的力量制衡行政机关的财政权力,既达到救济自身权利的目的,同时也通过个案的解决过程彰显普遍的法治精神。

---

① [美]诺内特、塞尔兹尼克:《转变中的法律与社会:迈向回应型法》,张志铭译,中国政法大学出版社2002年版,第75页。

二、法律救济的一般逻辑与财政法律救济的特殊困境

"有权利必有救济",这是法律救济的一般逻辑。因此,法律救济的逻辑基点在于合法权利的存在。救济启动的现实条件在于权利受到侵害,救济的方式包括自力救济与公力救济。通过国家公权力实施的诉讼程序机制是现代法治社会提供的最主要的法律救济途径。然而当权利存在与否具有模糊性,权利内容与传统的旨在防御国家对个体侵扰的权利有所区别,是否还存在法律救济以及如何进行法律救济呢?

在理论上,个体因他人的违法行为遭受权利侵害,都应获得法律救济的机会和通道。然而,当把视角转向一个特殊领域——财政活动时,似乎无所不在的法律救济出现了障碍。财政的本质关乎公共资源的配置,其与个体的关系尽管十分密切,但是其结果往往难以直接落实到特定主体身上。与一般民事行为或者具体行政行为往往容易对应特定的个体权利不同,是否存在与财政活动相对应的特定权利具有模糊性,如果有,权利内容是什么?这种权利受侵害的判断标准又是什么?对于上述问题,习惯了裁决具体纠纷的司法机关往往无法作出判断。并且公共资源的配置问题属于公共政策范畴,它们一般由立法机关或行政机关根据经济社会发展需要作出自由裁量,裁量结果涉及的主要是合理性、妥当性而非合法性、合规性问题,倘若司法机关介入此种宏观政策层面的价值判断问题,则可能面临自身合法性的责难。至此,财政问题似乎成为一个无法套用法律救济一般逻辑的特殊区域,即使存在财政法律救济的运行机制,也仅仅局限在与一般逻辑相契合的部分发挥作用,对于无法影响特定主体权利的抽象财政支出只能宣告其为不可诉,而排斥在以司法为中心的法律救济范围之外。这就形成了财政法律制度重管理轻救济、重收入救济轻支出救济、重税收收入救济轻非税收入救济的特殊"景观"。

(一)法律救济整体弱于行政追责

纵观我国预算、税收、财政支出的相关立法,其基本宗旨均体现出鲜明的自上而下的管理本位,倾向于通过行政性程序向管理相对人追究法律责任,而不是通过司法程序向利益相关者提供法律救济。《预算法》修订后在强化预算

对政府财政行为的规范性、约束性方面有明显进步,尤其在法律责任方面增设了若干条款,用于追究政府及其部门违反预算管理规则的行政责任,使整部法律的控权性大为增强。正是由于立法将规制重心放在政府财政行为上,因此在面向个人的法律救济方面并未有所改观。《预算法》虽新增了公民、法人检举、控告预算违法行为的规定,但是"检举"与"控告"仅仅意味着个体具有诉诸行政程序或者在违法情节严重时要求公诉机关启动刑事纠错程序的资格条件,并不代表个体已经具备作为独立诉讼主体的法律地位。法律救济机制的缺失从根本上决定了《预算法》只能作为预算管理秩序的维护法而难以担当公众权利救济法的重任。再从《税收征管法》看,尽管"加强税收征收管理"、"保障国家税收收入"与"保护纳税人的合法权益"并列作为其立法宗旨,但是后面的各项条文实际上都围绕着税收行政机关如何加强纳税征管而展开,凸显了该法作为"征管法"而非"救济法"的基本性质。专门针对财政违法行为作出行政处理的规定——《财政违法行为处罚处分条例》,通过行政系统内部自上而下的处罚与处分追究违法行为实施者的责任,亦延续了重管理、轻救济的规制进路。《政府采购法》作为财政支出领域为数不多的法律之一,同样以政府采购双方主体行为的规范与约束为重心,并未向受政府采购影响的产品或服务享用者提供法律救济。

(二)针对违法征收行为的法律救济强于针对违法支出行为的法律救济

就财政收支实践来看,针对违法征收行为与违法支出行为的法律救济存在强弱差异。相比而言,税收征收程序法对因违法征收遭受侵害者的法律救济更为充分。《税收征收管理法》规定纳税人对税务机关的征收、处罚决定、强制执行措施或税收保全措施不服的,可以提起行政复议或行政诉讼,该救济机制普遍适用于各类税种的征收。而违法支出行为的救济限于特定类型的与受益者直接相关的财政支出,主要包括社会保障支出、抚恤金支出。新修订的《行政诉讼法》规定行政机关未依法发放抚恤金、最低生活保障待遇、社会保险待遇的行为作为行政诉讼受案范围。但是除此之外,其他涉及公共利益的财政支出,比如政府采购性支出、政府投资性支出、国有资产处置中的财政支出等问题因缺乏与特定主体之间的直接利益关联,在修订后的《行政诉讼法》中仍然缺乏诉讼解决机制。

(三)针对税收征收的法律救济强于针对非税征收的法律救济

就各种征收行为来看,针对税收征收的法律救济与针对非税征收的法律救济同样存在差异。非税收入作为政府收入的一种来源,尽管在绝对数量上远逊于税收收入,但是对于充实地方财政却有着重要的意义,尤其是在政府间财权与事权配置存在缺陷的背景下,非税收入可以填补税收收入的不足,保障事权的正常行使。这就不难理解地方政府为何在设置非税征收项目上不遗余力,甚至出现乱收费、乱罚款和乱摊派现象,严重侵害非税收入承担者的正当权利。应当说对受害者提供法律救济是非税收入治理与规范的题中应有之义,然而与税收征收相比,非税征收中的法律救济并无系统的规范依据。目前针对非税收入治理的法律制度主要见于财政部制定的《政府性基金管理暂行办法》、《财政部关于加强政府非税收入管理的通知》、《财政部关于将按预算外资金管理的收入纳入预算管理的通知》等行政规章。其立法重心在于强化非税收入的立项、征收、缴库、预决算各个环节的管理监督,而缺乏对因违法征收行为而遭受侵害的非税收入承担者给予充分的法律救济。修订后的《行政诉讼法》将"认为行政机关违法集资、摊派费用或者违法要求履行其他义务的"作为行政诉讼受案范围,并且《行政诉讼法》还将相关条文中的"具体行政行为"统一修改为"行政行为",规定司法机关可以对行政机关及其所属部门制定的规范性文件进行审查。上述修改都在一定程度上弥补了非税征收法律救济制度供给不足的弊端。但是,毋庸置疑的是,这种针对具体行政行为、抽象行政行为一体化的法律规制机制仍然是以具体行政行为为中心的,这从立法确定的行政诉讼受案范围以及对抽象行政行为审查范围的限定中可以得到印证。而实践中大量的非税征收是依托抽象行政行为实施的,并且,除了"违法集资"、"摊派费用"、"违法要求履行其他义务"之外,还可能存在违法剥夺、减损非税收入负担者的正当权利,或者在不同非税收入负担者之间进行歧视性对待等情形,因此,《行政诉讼法》对于有针对性地解决非税征收的法律救济问题仍存局限。

由上观之,财政活动在整体上保持着与个体的相当距离,它几乎是一套自我监督、自我问责的封闭体系,承载法律救济的司法机关难以介入乃至形成与之相抗衡的力量。财政法律救济机制的这一状况显然无法适应民生财政的实践需要,而要突破既有的机制局限,又应从何处着手呢?

三、实施民生财政法律救济的典型进路及其启示

传统法律救济机制的逻辑基点在于权利,这点在民生财政实施过程中同样适用,但是应当指出的是:一方面,这里的"权利"包含更多积极的内容,它不像传统的带有防御性的消极权利那样天然排斥国家的干预,相反,它更依赖外界通过提供必要的资源,帮助其从抽象的诉求转变为现实的利益,因而,该权利根基具有积极权利的属性;另一方面,民生财政法律救济的基础除了权利之外还离不开另一个重要依据,即给付义务,给付义务与积极权利在法理上是呈对应关系的,但是在现实环境下,由于制度供给的缺失、权利配置的缺位,导致相关公民并不拥有法定的某项积极权利,在这种情况下,如果有给付义务方面的明确规定,那么,亦可以为司法介入财政活动提供正当性支持。以积极权利—给付义务为中心,不难发现实践中已经形成了若干典型进路,不同程度地为民生财政活动中的利益相关者提供了救济渠道。

(一)低度救济

低度救济仅限于确定立法或行政裁量的边界,对行政机关是否应当履行其给付义务作出抽象的价值判断。在这种救济机制中,积极权利的存在更多宣示了国家在政治或道德层面的义务,国家采取何种保障措施,均属于立法或行政裁量的范围,个体不具有请求司法直接实现权利的资格。除非立法或行政裁量明显违背最低限度的公平正义标准,从而逾越了立法政策裁量的正当边界,才构成对立法作为义务的违反,在此情况下,可以启动一定立法程序为个体提供平等的法律保护。比如日本法院在司法实践中,指出国家负有致力于社会立法及公共设施创设等职责,但具体如何作为,取决于立法者的裁量而并无实际义务。只有在国家对处于最低生活保障线之下的老弱病残或无生活能力者置之不理,忽视其人性尊严等最低限度的宪法要求时,国家的行为才构成立法上的不作为。[①] 又如爱尔兰一起智障学生及其父母起诉政府未能采取

[①] 胡敏洁:《转型时期的福利权实现路径——源于宪法规范与实践的考察》,载《中国法学》2008年第6期。

措施充分实现孩子受教育权的纠纷,初审法院判决政府实施的改革行动并无实效,要求政府采取适当的措施兑现承诺,但这一做法并未获得最高法院的支持,在后者看来,法院可以宣告政府没有兑现其宪法义务,但法院的权力也就到此为止,至于该如何做,涉及重新分配国家财政资源的问题,这不是法院的职责,不具备可诉性。①

(二)中度救济

中度救济指对行政机关履行给付义务进行合理性审查,并依照一定标准要求行政机关改进公共资源的配置,推动权利的实现。在这种救济机制中,权利具有被司法强制实现的可能。比如南非宪法法院判决的"格鲁特布姆"案,宪法法院一致裁决:宪法并不强迫政府在现有资源之外或立即实现个人要求获得适当住房的权利,但政府必须采取适当的措施逐步予以实现,为那些需求最为紧迫、享有权利的能力也因而受到极度破坏的人提供保障。而政府现有的措施没有逐步履行其实现住房权的义务,因此宪法法院向市政当局发出命令,要求其限期提供基本服务,保障其住房需求。②

(三)高度救济

高度救济指对行政机关履行给付义务进行合法性审查,并对权利赖以实现的公共资源配置方案提出具体要求,保障权利的直接实现。在这种救济机制中,权利被赋予强制执行的效力,行政机关不履行给付义务的行为被明确定性为一种侵权行为,受到责任追究。在承担责任的具体方式上,法院优先选择那些更有利于权利保障的措施而不受资源稀缺性因素的干扰,展现出法律救济的能动主义姿态。比如南非宪法法院判决的抗艾滋病药物案。南非政府基于为患者提供用药咨询服务会增加医生的工作负担与政府的财政负担为由,将一种抗艾滋病药物的发放范围限制在少数地方,导致大多数患者无法使用该药,被认为侵犯了宪法规定的"每个人有获得医疗服务的权利"。③ 宪法法院认为,尽管资源有限,但是政府必须采取积极措施保障药物发放与开展医疗

---

① 聂鑫:《宪法社会权及其司法救济》,载《法律科学》2009 年第 4 期。
② 龚向和:《通过司法实现宪法社会权——对各国宪法判例的透视》,载《法商研究》2005 年第 4 期。
③ 聂鑫:《宪法社会权及其司法救济》,载《法律科学》2009 年第 4 期。

咨询,同时还要求政府提交一份具体的抗艾滋病计划,监督政府改进资源配置的成效。值得注意的是,在美国、加拿大等国宪法上尽管没有对教育权、住房权、医疗服务权等福利权利进行明确规定,但是通过其宪法上的平等保护原则与违宪审查程序也曾给予利益受损者一种"强救济"。比如横跨11年之久(1993—2004)的美国纽约州教育财政诉讼案。美国联邦上诉法院最终维持了纽约州最高法院关于纽约州教育财政体制违宪的判决,要求纽约州为学生提供"合理、基本的教育机会"。

从国外实践中我们可以得到几点启示:首先,司法对财政活动的介入是通过提供积极权利救济或者要求政府机关履行某种给付义务而间接实现的。这样做既可避免司法僭越立法或行政裁量权的质疑,也能显示出司法在权利保障上的积极立场。正如美国公共预算领域的著名学者爱伦·鲁宾教授指出的,"个人与法院在公共预算行动中发挥间接的作用",[1]个人向法院起诉后,法院直接面对的是权利与义务之间的法律问题,似乎与财政无关,但是通过承认积极权利并要求政府合理履行给付义务,实际上能够不同程度地改变公共资源配置格局,从而成为财政支出水平、财政支出结构、财政支出方式变革的间接推动者。当然,司法的介入并不是替代立法或行政裁量,而是强调在权利保障前提下资源配置的优先性。

其次,围绕积极权利—给付义务展开的法律救济成为联系个人、社会、法院和政府多方主体的纽带,有利于克服传统财政法律救济机制中存在的障碍。主要原因在于这种救济机制不受传统的诉讼主体资格的束缚,也不局限于审查具体财政支出行为。比如在美国教育财政诉讼系列案中具有标志性的"加州塞朗案",是以一个普通的加州居民为原告,以加州财产税制违宪为由提起诉讼;南非宪法法院判决的抗艾滋病药物案是以一个公益社团组织为原告,针对南非政府限制抗艾药物发放范围提起诉讼。两案原告与诉讼本身并无直接利害关系,所针对的行为也不局限为具体财政支出行为。传统财政法律救济机制之所以主要针对财政征收与影响特定当事人的财政支出,原因就在于受诉讼主体资格的限制,只有具备直接利害关系的当事人才能提起诉讼,这就极大地限制了财政法律救济的范围。

再次,以积极权利—给付义务为中心的法律救济基本都依托宪法而进行,

---

[1] [美]爱伦·鲁宾:《公共预算中的政治:收入与支出,借贷与平衡》,叶娟丽、马骏译,中国人民大学出版社2001年版,第15~16页。

而宪法救济又有赖于一个独立、权威的救济主体与一套完备的程序运行机制。只有跳出税法、预算法或者财政支出法等财政具体法律领域,在宪法的层面上审视政府财政权力,才有可能重构财政法律救济机制。税法、预算法或者财政支出法等财政具体法律领域少有直接规定某种积极权利或者给付义务的情况,除了个别法律有所涉及之外,大部分财政收支法律法规承担财政资源吸纳、分配、管理的规范责任,与权利、义务配置没有直接关系。而财政基本法是规定一国财政的地位、功能、职责、权力、运行原则之法,其首要任务是完成政府间财政权力的配置以及建构公权主体与纳税人之间的法律关系,而不是规定某种积极权利或者给付义务。因此,最终的选择必然是诉诸宪法。

四、我国实施民生财政的法律救济机制建构

(一)最终方向:为公民个体提供宪法救济

从各国规定积极权利与给付义务的情况看,宪法是否明确规定某种积极权利并不是实施宪法救济的关键,关键在于是否拥有独立、权威的救济主体与完备的程序运行机制,保障政府给付义务的履行。在我国宪法上,亦不一定要出现某种新型的积极权利的概念,更重要的是建立对实施民生财政的异议通道,使一般公众能够借助司法权对行政主导的民生财政实施过程进行制约。基于此,民生财政的宪法救济具有几个方面的特点:一是它的启动不一定必须以某种权利的存在为依据,而可以是基于某项给付义务的要求,如宪法中可能没有明确规定住房权,但是有对政府提供适当住房的义务要求,在这种情况下,公民个体可以依据给付义务的要求启动救济程序;二是它的指向不一定是个体损失的补偿,而可能是要求政府矫正其行为或重新作出行为,以满足某一群人的共同利益;三是它针对的客体既可以是包含特定给付义务的具体财政支出行为,亦可以是非特定的抽象性文件。在我国现有制度框架下,《宪法》第45条、第46条规定了中国公民普遍有获得物质帮助、社会保障、劳动、教育等方面的权利,同时社会弱势群体在劳动、生活、教育等方面亦有获得相应保障的权利,国家和社会则有提供上述公共服务的义务。这已经为民生财政的宪法救济提供了基本的权利、义务依据。当然,这份权利义务清单还有待进一步扩展,以适应不断变迁的社会发展需要。但是同样重要的是必须考量权利的

成本以及义务履行的条件,在现阶段的经济发展水平之下,要实现大范围的实体性制度扩展是较为困难的。相比而言,针对抽象性文件进行违宪审查,即建立偏程序性的宪法救济渠道是更为现实的选择。

《立法法》第九十九条第二款规定:"公民认为行政法规、地方性法规、自治条例和单行条例同宪法或者法律相抵触的,可以向全国人民代表大会常务委员会书面提出进行审查的建议。"这一条运用到民生财政的宪法救济中,就意味着公民可就涉及民生财政内容的行政法规、地方性法规、自治条例和单行条例提出违宪审查的建议。不难看出,在现有制度框架下,偏重程序性的宪法救济是以公民向立法机关提出违宪审查建议作为基本方式的,但是公民在什么情况下提出违宪审查建议,立法机关是否受理以及如何反馈等问题缺乏具体规定,这就不免让人对该条是否具有实践价值产生怀疑。从强化宪法救济的角度讲,有必要赋予公民在具体诉讼过程中提出违宪审查的权利,也就是将公民的异议通道与司法诉讼机制联系起来,增强公民提出违宪审查的影响效力。进而,审理案件的法院经初步审查认为与宪法有冲突的,应当中止诉讼并提请最高人民法院向全国人大常委会提出审查请求。为强化最高人民法院与全国人大常委会在处理公民违宪审查请求中的职责,还应当分别明确规定各自的处理时限、决定方式、告知义务等专门适用于宪法救济的程序性内容。

(二)现阶段的突破口:建立纳税人诉讼

如果说宪法救济有赖于宪法权利条款的完备以及宪法实施机制的改革,制度变迁成本相对较高,那么纳税人诉讼就是建立在全新解释的纳税人权利概念以及对既有的诉讼理论进行修正的基础之上,制度变迁的成本相对较低。建立纳税人诉讼可以成为现阶段完善民生财政法律救济机制的突破口。

1. 纳税人权利扩张与纳税人诉讼的理论基础

所谓纳税人诉讼,一般是指"以纳税人的身份,针对不符合宪法和法律的不公平税制、不公平征税行为特别是政府的违法使用税款等侵犯国家和社会公共利益的行为向法院提起的诉讼"。[①] 在实现民生财政的法律救济中,纳税人就可以利用这一诉讼机制向法院请求纠正行政机关违法的民生财政收支行为。纳税人诉讼的理论基础一是对纳税人权利的重新解释。传统的纳税人权

---

① 施正文:《我国建立纳税人诉讼的几个问题》,载《中国法学》2006年第5期。

利仅仅是针对征收而言的带有消极防御意义的权利,即要求税务机关依法征收,而按照新的理论,纳税人权利包含征收与支出两个方面,即要求按宪法、法律的规定征收与使用租税的权利。二是当事人适格理论及诉之利益理论的突破。传统诉讼机制是一种主观诉讼或私益诉讼,提起诉讼的原告限于与案件有直接利害关系的主体,之所以如此定位,是因为只有与案件有直接利害关系的主体才被认为是具有法律上的可诉利益。而纳税人诉讼不受适格理论的限制,即使与案件没有直接利害关系,比如针对影响不特定当事人的违法财政支出行为或者不公平的税制也可以提起,其理论基础在于对可诉之利益范围进行扩大性解释或者进行特别立法,使那些法律之外的事实上的利益得到司法救济。① 当然,传统的当事人适格理论及诉之利益理论并非构建纳税人诉讼必须克服的障碍。由于纳税人权利的存在,纳税人可以将违法的不公平税制看作是对某个纳税人的权利侵害,同理,违法支出租税的行为因在数量上相对地增大该纳税人的纳税义务额,因而"该行为实际上侵害了该纳税人的法律上的利益,构成主观侵权,纳税人可以采用通常的诉讼形式提起诉讼"。② 由此可见,纳税人权利是构建纳税人诉讼最重要的理论根基,如果能够在立法上全面规定纳税人拥有的包含征收与支出两方面的权利内容,那么在理论上无论是将其视为主观私益诉讼的扩张还是将其视为一种新型的客观公益诉讼,纳税人诉讼都不存在"入门"的障碍。

2. 纳税人诉讼的受案范围及其相关争点

关于受案范围,学界一种有代表性的观点是将纳税人诉讼的受案范围划分为三类:"违宪违法和不公平的税收法律法规等税收抽象行为、违法和不公平征税行为以及政府机关违法使用税款行为。"③这三种情形在民生财政法律救济中都可能存在。其中,针对违宪违法、不公平税制的纳税人诉讼可与违宪审查形成对接,成为未来构建普遍的违宪审查机制的试金石与突破口。但还有一些值得进一步思考的问题:一是,违宪违法、不公平的财政支出法律法规是否能够纳入纳税人诉讼受案范围?答案是肯定的。因为纳税人权利概念本身就应当包含征收与支出两个方面,正如有关税收征收的法律法规可以纳入

---

① [日]田中英夫、[日]竹内昭夫:《私人在法实现中的作用》,李薇译,法律出版社2006年版,第60页。
② [日]北野弘久:《税法学原论》,陈刚等译,中国检察出版社2001年版,第59页。
③ 施正文:《我国建立纳税人诉讼的几个问题》,载《中国法学》2006年第5期。

受案范围一样,如果有关税收使用的法律法规存在违反宪法或者不公平不合理之处,同样应被视为侵犯纳税人权利的行为,具有可诉性。实践中,民生财政的重要体现就在于民生支出,无论是具体支出行为抑或是涉及民生支出内容的抽象性文件规定,都有必要纳入一定的程序机制加以审查,而在征收方面由于已经存在较为完备的行政诉讼程序机制,因此,纳税人诉讼恰恰可以发挥在财政支出层面的规制作用。二是,纳税人认为不合理的财政支出行为能否纳入受案范围? 在上述观点中,学者针对征收行为使用了"违法"与"不公平"的措辞,而针对税款使用则仅仅使用了"违法"的措辞,似乎其有意区分征收行为与支出行为的司法介入标准,即司法机关应当对征收行为的合法性、合理性作出判断,而对支出行为则局限于合法性判断。不可否认,税制的安排对纳税人的影响十分直接并且往往更容易特定化,因此即便是合法但不合理的税制安排也被认为应当有理由提起纳税人诉讼,而财政支出的影响被认为是间接且不容易特定化的,更重要的是财政支出安排的政策性强于税制安排,让司法机关深入到合理性审查层面的确存在困难。笔者认为,在现阶段应当是以能够取得最大共识并具有实践操作性的制度建构为基本原则,不排除在司法个案中尤其是层级较高的司法机关通过适用最低限度的人权保障标准(例如争议中的财政支出是否能保障一定地区最急需人口的最低限度的生存权)等方式对财政支出的合理性问题作出分析,乃至提出司法建议,但目前纳税人诉讼的制度框架仍以合法性审查为重心。

3. 纳税人诉讼的激励与限制机制

纳税人诉讼的公益性较强,这在一定程度上削弱了个体主动提起纳税人诉讼的动力。对此,有三条解决路径:一是赋予一定机构、团体或具有特定身份的个人充当纳税人诉讼原告的资格,以解决普通纳税人不愿或无法提起纳税人诉讼的难题。在英美法上赋予检察长或司法部长代表普通的纳税人提起纳税人诉讼的资格,另外针对政府采购资金使用行为,美国立法上还有采购第三人代位诉讼的制度,允许采购者、供货商之外的第三方提起诉讼。我国可以借鉴上述思路,由直接利害关系人之外的第三方——检察机关、纳税人社会团体或者其他个人作为公共利益代表提起纳税人诉讼。二是从建立诉讼费用减免与奖励机制入手,激励普通纳税人提起纳税人诉讼,比如减免普通纳税人的诉讼费用,同时从胜诉赔付中分出一部分作为对起诉人的奖励。三是减轻普通纳税人的举证责任,除了对纳税人资格本身进行举证之外,政府行为的合法性由被告承担举证责任。

实践中也存在滥诉的可能。纳税人诉讼包含比一般诉讼更多的专业知识内容,有关抽象的税收或支出法律法规还涉及立法与行政的自由裁量问题。因此,在法院处理纳税人诉讼之前有必要设置一个行政前置程序,作为对纳税人诉讼的限制,即纳税人应当先行通过行政复议穷尽权利救济,对行政复议决定不服的再提起诉讼。在拓宽诉讼主体资格范围的同时,应当注意诉讼主体与诉之利益关联的程度差异,将纳税人诉讼的利益关联度维持在一个适当水平。比如针对地方政府与中央政府财政支出行为的纳税人诉讼,纳税人在前种情形下拥有更高的利益关联度,因而针对地方财政支出行为的纳税人诉讼一般比针对中央财政支出行为的纳税人诉讼更容易获得支持。以建立纳税人诉讼的美、日为例,日本的纳税人诉讼只有与地方公共团体发生纷争的场合才被予以承认,换言之,日本的纳税人诉讼只能针对地方的财政行为。美国联邦最高法院曾在1923年的Massachusetts v. Mellon;Frothingham v. Mellon判决中认为州和地方纳税人与支出行为之间具有更为紧密的利害关系,针对联邦行为的纳税人诉讼不属于司法诉讼。但在美国后来的判例中已经逐步放弃了前述限制立场,开始承认联邦纳税人作为诉讼主体的地位及其与诉讼本身的利益关系,一个很重要的原因就在于原告以违宪为由启动司法审查程序,①在这种情况下联邦法院会介入对联邦财政支出行为的合宪性审查。我国可以采取渐进主义的立法态度,首先将地方财政支出行为纳入纳税人诉讼范围,再逐步延伸到中央财政支出行为。

(三)具有可操作性的现实选择:完善福利行政诉讼

纳税人诉讼相对于宪法诉讼所需条件有所降低,但除了零星的实践以及学者的呼吁之外,在立法层面仍然尚付阙如,即使在学界内部,对纳税人诉讼的受案范围、具体程序设计乃至纳税人诉讼称谓本身是否恰当等问题也存在争议,因而纳税人诉讼的制度构建尚需时日。就目前更具可操作性的救济方式而言,提起福利行政诉讼是现有制度框架下一种不错的选择,既无须突破当事人适格及法律上诉之利益理论的束缚,与现有可用的制度资源——行政诉讼形成对接,又能将矛头对准政府财政活动,可以成为实施民生财政法律救济的现实通道。

---

① [日]田中英夫、[日]竹内昭夫:《私人在法实现中的作用》,李薇译,法律出版社2006年版,第57~59页。

与民生财政法律救济直接相关的是《行政诉讼法》关于"发放抚恤金"、"最低生活保障待遇"、"社会保险待遇"作为行政诉讼受案范围的规定。在此基础上,可以分步骤、分阶段地进一步扩大行政诉讼的受案范围。

1. 扩展可诉的福利行政行为表现形式

将具有福利性质的其他财政资金的给付、依托财政的社会服务供给纳入行政诉讼的受案范围,加强司法对实施福利行政的审查,这是制度变迁的第一步。这一做法旨在延续既有制度框架,仅仅扩展具体行政行为的表现形式,暂未触动提起行政诉讼的权利基础。

2. 扩展现有的行政诉讼的权利基础

第二步即针对受案范围中"认为行政机关侵犯其他人身权、财产权等合法权益的"的规定。《行政诉讼法》修订前,该条款的表述方式是"认为行政机关侵犯其他人身权、财产权的",该条作为一个兜底条款,对于实践中已经出现但并未在立法中明确列举的具体行政行为起到统一规制的作用。但它确立的行政诉讼受案标准是行政权侵犯行政相对人的人身权与财产权,换言之,行政诉讼成立的权利基础在于行政相对人的人身权或财产权。这一权利基础有利于防范传统的秩序行政,但无法有效制约现代以福利给付为内容的福利行政,亦不能适应支撑福利行政运作的财政救济机制的发展需要。最高人民法院《关于执行〈中华人民共和国行政诉讼法〉若干问题的意见》(以下简称《意见》)则采取了第三种方式——排除法,在客观上预留了权利基础扩张的空间。《意见》第1条第2款规定"对公民、法人或其他组织权利义务不产生实际影响的行为"不属于行政诉讼的受案范围,该款对"权利义务"的具体内容并未作特别限制,反过来理解,对公民等主体权利义务产生实际影响的行为应当属于行政诉讼的受案范围。如此一来,福利供给就可以作为"产生实际影响"的行为纳入行政诉讼的受案范围。因此,《意见》对行政诉讼受案范围的解释具有扩张权利基础的客观效果。《行政诉讼法》修订后采取的"认为行政机关侵犯其他人身权、财产权等合法权益的"的表述方式,为行政诉讼权利基础的正面扩张提供了条件,在此基础上还可以列举方式进一步明确规定该"合法权益"的具体内容,以使实践中依赖财政给付的新型权利救济具有法律依据。

3. 扩展其他法律法规的可诉空间

制度变迁的第三步针对《行政诉讼法》"除前款规定外,人民法院受理法律、法规规定可以提起诉讼的其他行政案件",该规定为扩张行政诉讼的受案空间提供了可能,条件是其他法律法规作出相关的规定。因此,福利行政诉讼的制度变迁不能仅仅局限于《行政诉讼法》的视域,还应当着眼于完善福利供给的相关法律法规,为开放福利行政的司法审查从而服务于民生财政的法律救济提供更多规范基础。

第五章
民生保障的事权划分法律机制研究

实现民生保障依托于不同级次政府的支出活动,这种支出活动反映了各级政府在提供保障民生的公共产品或公共服务中的职能范围与大小。在财政学理论上,政府履行职能的权力被称为事权,即政府履行其职能,提供公共产品或公共服务的职权。民生保障的政府间事权划分制度要解决的核心问题,就是如何在政府间恰当地划分民生保障责任,明确界定适宜于由中央政府、地方各层级政府分别承担及共同承担的事权范围。但是,在我国现有的公共财政体制格局之下,关于政府的职能边界及如何在中央与地方政府间进行一般公共职能的划分问题尚未得到有效解决,这种状况势必对民生保障职能的纵向配置产生消极影响。因此,在探讨民生保障的政府间事权划分问题之前,有必要在更广阔的视域背景下对我国财政体制变迁的历程、问题及面临的新的发展趋势进行梳理,在此基础上,分析民生保障事权划分的制度框架及局限,提出未来制度改革的任务与方向。

一、民生保障事权划分的体制背景:财政体制的变迁

财政体制是解决一国政府间财政关系、划分不同级次间政府收支范围并配置相应权限的基本制度。从中央政府与地方政府收支权限的大小可以判断一国财政体制集权与分权的程度。实践中不可能存在完全的集权或完全的分权两种极端模式,更多是在集权与分权之间寻求平衡。自1949年后,我国实施了多次财政体制改革,经历了从集权到分权到再集权的变迁历程。其中,经济体制的转轨与公共财政的建立是促使政府间收支格局呈现分权化方向发展的直接原因,但宏观经济运行的不确定性、地区间发展的不平衡性以及民生保障中的显著外部性等因素又使得适度集权在新的发展形势下成为必要。如何

寻求财政集权与分权的动态平衡,不能冀望通过政府间讨价还价式的谈判得到解决,而必须着力改变游离于法制之外的财政体制变迁的路径依赖。这是影响民生保障事权划分的基本背景。

(一)经济体制转轨中的财政体制变迁及存在的问题

为适应建设高度集中的计划经济体制的客观需要,新中国成立后首先实行了统收统支的财政体制,即中央统一全国财政收支管理、统一全国物资管理、统一全国现金管理,地方政府代理中央负责组织财政收入,并一律上缴中央金库,地方政府的全部支出均须中央统一审核,逐级拨付,因而,地方政府相当于中央政府的派出机构,缺乏独立的事权和财权。这种体制格局对于新中国成立后迅速集中全国资源恢复国民经济具有现实的意义,但导致地方财政自主性的丧失,无法为地方政府提供必要的财政激励,不利于政府间财政关系的长期稳定。经济形势的发展变化促使高度集中的财政体制在运行三年后调整为统一领导、分级管理的模式,地方政府按行政区划设立预算级次,形成一级政权、一级预算。但各级政府的收支权限较小,实际上仍在中央统一的预算编制方案中进行收支,并且中央财政对地方财政的预算收支和上缴下拨指标实行"一年一定",不仅难以保障地方政府形成真正独立的预算主体地位,而且由于中央与地方间短期、应急性的讨价还价,增加了预算决策不确定性的风险。伴随经济体制的改革,以分权让利为特征,以划分收支、赋予地方更具实质性的财政自主权为内容的分级包干财政体制开始实行。根据收支划分的不同依据和方式,分成"划分收支、分级包干"、"划分税种、核定收支、分级包干"、"多种形式包干"的三个发展阶段,使地方财政获得了相对独立的主体地位。但是财政包干体制延续了传统的财政体制变迁的基本路径,关于政府间财政关系的定位、事权与财权的配置仍然是在政策框架下、依靠行政管理的思维自上而下予以解决的,稳定规范的法制供给严重不足;同时,尽管各级政府的财政收入范围有了相对明确的划分,财政统收的局面有所改变,但由于事权划分缺乏清晰的界定,导致地方财政"包而不干",中央财政统包统揽,地方为汲取局部利益实行地区封锁的格局,加大了中央财政支出的负担,削弱了中央财力,为地方政府牟取非法利益提供了空间。简单的财政放权,而不是在财政激励与财政约束之间通过稳定的法律机制寻求平衡,就难以避免"一放就乱"的治乱循环,同样,简单的财权上收,而不在事权配置上进行突破和完善,那么也无法避免"一统就死"的后果。这一点在接下来的分税制改革中得到印证。于

1994年启动的分税制改革是正式确立社会主义市场经济体制后调整政府间财政关系的新举措,其以税种为依据使政府间财权的分配更趋明晰,中央财政获得了消费税全部、增值税75％、具有垄断性特征的金融企业及中央企业所得税的税收收入,税源充足且稳定,相对于地方税收具有显著的优势,这就使得财政收入方面重新呈现财政集权的特点,增强了中央财政的汲取能力,确立了中央财政在资源分配中的主导地位。但是,政府间的事权划分仍然未得到足够的重视,政府间错位承担支出职责的现象较为普遍,财权的配置与事权的承担不相一致。在事权尚未得到清晰界定的前提下,单方面地进行财权的上收与集中,一方面导致一些地方基层政府财力困难,难以支撑地方公共产品的供给,甚至无法维系政府的正常运转;另一方面并不会避免地方政府寻求利益的冲动,反而会加大地方政府从事非理性行为的道德风险,引发大量不得不由中央财政最终买单的隐性负债,进一步扭曲政府间的财政关系。

(二)建设公共财政对促进财政体制变迁的意义及局限

经济体制转轨为打破财政体制的高度集权的状态、实施分权化改革提供了基本条件,但是这种分权更多局限于对税收收入在不同级次政府间的分配,而在支出责任的划分上显得较为笼统而原则,因此,这种分权化改革是不完整的。公共财政作为一种旨在满足社会公共需要而构建的财政模式,其首要解决的恰恰是政府职能的定位,或者说需要通过财政支出满足公共需求的范围的问题。根据公共财政理论,政府承担资源配置、收入分配与宏观调控的职能,其中,收入分配与宏观调控职能被归入中央政府的职能范畴,资源配置职能则需要在中央与地方政府间进行合理分工,财政分权主要就是针对资源配置职能而言的,即如何就地方性公共产品的供给及其相应的财政来源在中央和地方之间进行分工。① 由此可见,公共财政的建立对推动财政体制的变革尤其是事权划分的完善具有重要的意义。

我国公共财政的概念是在改革开放过程中由财政理论界与实务界提出来的,在确立建设社会主义市场经济体制的目标后,公共财政的基本框架和建设目标亦逐步形成。但在实践过程中,背离公共财政目标要求,发生政府职能缺位、错位、越位的现象较为普遍,尤其是地方政府的事权偏重于经济建设,生产

---

① 杨之刚、马珺、杨志勇等:《财政分权理论与基层公共财政改革》,经济科学出版社2006年版,第34～35页。

建设性投资在财政支出中的比重明显高于社会民生支出,这既反映了长期以来经济优先的发展战略对地方财政的影响,亦显示出地方政府在既有的财权与事权配置格局下寻求利益最大化的行为选择。公共财政在很大程度上演变为建设财政,严重制约了公共产品或公共服务的有效供给。

近几年,强调公共财政的民生导向、重视财政在保障与改善民生中的作用乃至提出民生财政的发展方向都为加大民生投入提供了观念基础,政府间财政收支的格局以回应社会民生问题为契机势必进行新的变革,以适应新的发展形势的要求。

(三)强化民生保障背景下财政体制变迁的新趋势

强化民生保障既为政府间财政收支格局的制度重构提供了重要契机,同时也对财政集权与分权的权衡提出了更严峻的挑战,这突出表现在民生保障既具有实行较高程度的集权模式的必要性,亦存在实行较高程度的分权模式的合理理由。因此,政府间如何就民生保障的职能进行合理划分成为新形势下财政体制变迁需要解决的新课题。

1. 支持由中央承担更多民生保障事权的理由

一是民生保障类公共产品具有较强的外部性。这一供给过程既是经济资源转移与配置的过程,也是调节社会群体间收入差距、为低收入者提供基本生存保障的收入分配过程,还是通过民生保障刺激消费需求进而达到平衡供需总量、实现宏观经济平稳运行的经济稳定的过程,因而,民生保障的事权划分并非仅仅解决资源配置的问题,还对收入分配与经济运行产生重要的影响,如将事权完全交由地方政府承担,则可能导致民生投入的受益范围与成本负担范围不一致,出现外部性现象,由此削弱民生投入的激励,不利于民生保障政策的可持续性。比如一个地区教育投入的结果可能是向其他地区输送了大量高素质的人力资源与更强消费能力的潜在消费群体,从而更有利于带动其他地区的经济发展;或者一个地区提供的就业促进的公共服务吸引了大批外来人口进入,在导致本地劳动力市场竞争加剧的同时,还可能因外来就业人口将所获收益返乡消费而影响本地供求平衡与经济稳定。基于此,有必要强化中央政府在保障民生中的责任,弥补正外部性供给主体的成本。

二是民生需求的发展性、趋同性使得在全国层面统筹社会资源成为必要。民生需求的具体内容随着经济社会的发展而不断变化,社会公众已经不再局限于获得特定条件下的社会救助或社会保险以维系基本生存需要,而是对获得更高层次的福利服务提出了要求。尽管财政支出的规模与民生改善的程度并不具有正相关性,但改善民生的社会需求客观上驱使政府事权的强化,并使其转化为加大对民生投入的现实行动,导致财政支出规模的增大。在地方政府辖区范围内,与公众生活关联度更高的民生类公共产品或服务往往都是由地方政府承担,尤其在教育、社会保障和就业、医疗方面地方承担了绝大部分支出责任(参见表5-1)。受制于分税制体制改革的局限,地方政府不得不面对事权增加而财权并未相应调整的收支失衡的状况,因此,有必要在全国层面统筹社会资源,以满足民生支出的需要。同时尽管民生需求本身是多元且富有个性化色彩的,但纳入政府职能范围、由财政具体承担的民生需求更多具有共同性,它反映人作为独立主体存在所共有的生存发展需求,这种需求并不因地区差异而呈现明显的异质性,这同样增强了由中央政府承担更大民生保障事权的合理理由。

表5-1 2013年中央和地方重要民生支出情况　　　　　　　　单位:亿元

项目	中央本级支出	财政转移支付	地方支出
教育	1106.65	2777.27	20895.11
文化	204.45	327.09	826.63
医疗卫生	76.70	2511.57	8203.20
社会保障和就业	640.82	5930.97	13849.72
住房保障	404.73	1916.21	4075.82

数据来源:2013年地方、中央财政支出决算表。

三是保障民生的公共服务均等化要求日趋强烈。公共服务均等化是指不同地区的居民能够享受大致相同的公共服务,该目标定位主要针对地方公共服务。因为由中央政府提供的公共服务一般都是覆盖全国范围、非竞争性与非排他性程度较高、公众可以同等享受的公共服务,比如国防、外交、公共安全等,而地方政府提供的公共服务往往与民生保障直接相关,比如教育、医疗、卫生、住房等,但恰恰因各地财政发展水平的差异而存在供给失衡的情况。这就要求通过中央财政转移支付弥补地方支出的不足,促进财政横向平衡,保障地区间民生类公共服务供给水平大致相当。

四是现代社会进入高风险社会,提升民生保障的事权层级有利于增强应对风险的安全保障。现代社会在创造出巨大财富的同时,各类风险也在不断累积,风险转化为现实危机或灾害的频率明显增加。尽管根据风险产生的原因(自然或人为)、表现的形态(经济风险或社会风险)、波及的区域(地方性、区域性或全国性)、致害的后果(轻微或严重)的不同,会采取与风险状况相适应的财政应急机制,但整体而言,中央财政在风险防范、应对、化解中的作用是非常明显的,尤其在应对那些致害后果严重且外溢性突出(比如 2008 年四川汶川地震)、跨区域、波及面广泛(比如 1998 年长江中下游地区的特大洪涝灾害、2008 年年初南方省市雨雪冰冻灾害),或者传导速度快、持续时间长、治理难度大(比如始自 2008 年年末的金融危机)的危及民生的各类风险具有重要的作用。支持增大中央财政应急性支出的主要原因在于风险自身的不可控性以及风险治理的系统性。在现代社会,各种社会要素的流动日益加快,风险的外溢性与传导性也随之增强,强化对风险的事前防范与事后恢复重建而非仅仅注重事中的应急处理变得更加迫切而重要,要实现对风险的系统治理而非一对一的临时管理,这就对地方的风险应急能力尤其是财政应急性支出能力构成严峻挑战,在此背景下,有必要提升中央财政在应急支出中的份额,增强应对风险的安全保障。

2. 支持由地方承担更多民生保障事权的理由

一是反映地区间民生需求的异质性。受特定地理、人文环境、经济发展水平及特殊事件等因素影响,各地区居民对民生类公共产品(或服务)的内容、排序上的偏好并不完全相同,比如四川汶川大地震后,灾区居民对维系基本生存需要的供水、供电、道路、交通、通信、住房等公共产品的要求最为迫切,这与没有发生类似灾害的地区居民的需求必然存在差异;又如发展教育在不同地区亦会表现为在普通教育与职业教育或者高等教育与义务教育等具体类型上不同的优先性选择。而公共产品的偏好显示信息是决定公共产品供给机制的关键问题,地方政府更有条件了解当地居民的偏好信息,并有义务通过制度安排将该信息进行充分显示、合理排序,在此基础上组织公共产品有效供给。因此,强调地方分权具有合理性基础。

二是鼓励地区间竞争的必要性。民生类公共产品(或服务)不具有典型的公共产品特征,存在一定的竞争性与排他性,税收的负担者与公共产品受益者的对应性更为明显,通过鼓励地区间的竞争,可以促进劳动力要素的跨区域流动,提高资源配置的效率,使地方居民在支付更小的税收代价的同时获得更好的公共产品或服务,这也为地方分权提供了合理性基础。

三是提供地方试验和改革的可能性。受制于各地经济发展的不均衡性影响,地方政府在民生类公共产品(或服务)的供给方式、支出标准、覆盖对象等方面存在较大差异。对于欠发达地区而言,经济发展的落后、财政收入的薄弱往往转变为要求强化转移支付的事实前提,但是并不排斥发达地区在拥有一定事权基础上进行供给制度的改革与探索。允许地方结合本地实情进行创新尝试有利于经验总结与推广,从而促进民生保障,而强化地方政府的事权是进行改革尝试的必要基础。以医疗保险为例,目前广州、深圳分别出台医疗保险的地方规章,前者对参保个人医保账户的功能进行扩展,规定本市参保人员在本市社会保险统筹区内,可使用个人医疗账户资金支付其亲属在定点医疗机构就医费用、预防接种及体检费用、在定点零售药店购买药品费用,实现"一人投保、全家可用";后者针对医疗保险的缴费年限缺乏全国统一标准的问题,规定原由养老保险基金每月代缴的退休人员退休后医保缴费改由参保人自行缴交,累计缴费年限最高达25年。上述两地均属我国经济发达地区,在并不改变《社会保险法》的基本框架和原则规定的前提下,就医保账户功能与医保缴费年限问题进行了地方性的改革,尽管尚存一定争议,但无疑提供了医疗保障方面具有普遍性问题的解决思路。而进行这种地方性制度变迁的基本前提是地方政府拥有相应的事权,试想如果医疗保障类的民生服务供给统归中央政府,那么,显然,地方政府不可能进行有关制度的改革探索。因此,强化地方分权对促进地方制度创新、推动民生保障具有积极意义。

二、民生保障事权划分的制度现状及局限

1. 宪法制度

《宪法》及《地方各级人民代表大会和地方各级人民政府组织法》等宪法性文件对如何在政府间划分民生保障事权缺乏明确规定,只是笼统规定了中央与地方行政机关的职权范围。比如《宪法》第89条规定,国务院负责领导和管理"经济工作和城乡建设"、"教育、科学、文化、卫生、体育和计划生育工作"、"民政、公安、司法行政和监察等工作",负责编制和执行国家预算,第107条规定,"县级以上地方各级政府依照法律规定的权限,管理本行政区域内的经济、教育、科学、文化、卫生、体育事业、城乡建设事业和财政、民政、公安、民族事务、司法行政、监察、计划生育等行政工作";《地方各级人民代表大会和地方各

级人民政府组织法》第59条规定，县级以上地方各级政府"执行国民经济和社会发展计划、预算，管理本行政区域内的经济、教育、科学、文化、卫生、体育事业、环境和资源保护、城乡建设事业和财政、民政、公安、民族事务、司法行政、监察、计划生育等行政工作"。上述规定侧重于行政职权的赋予及其内容的列举，而缺乏对不同层级间政府职权的划分及对相同职权内容在不同层级政府中的配置；侧重于从行政管理的角度规范财政事务，依附于行政区划设置财政管理格局，缺乏对财政事权的独立考量。总之，政府间事权的划分涉及财政分权的重大宪政体制问题，但现有的宪法性文件仅仅明确了公共权力相对于市场而言的横向边界，对于公共权力内部事权的纵向划分缺乏制度关照，对于教育、文化、卫生等民生支出如何在不同层级的政府中进行配置，更是缺乏基本规定。实践中对民生的保障更多依据自上而下的行政管理原则，由上级政府确定或调整下级政府的事权范围。典型例证是2008年四川汶川大地震后国务院办公厅发布《汶川地震灾后恢复重建对口支援方案》，统一部署对口支援任务，提出"一省帮一重灾县，举全国之力，加快恢复重建"，明确要求19个省市以不低于1%的财力对口支援重灾县市3年。灾区恢复重建事关灾区居民的民生保障，但从支援方而言，实施对口援建无疑增大了其事权范围，而作出这一调整的依据仅仅是国务院的政策文件。

2. 分税制财政管理制度

国务院《关于实行分税制财政管理体制改革的决定》（以下简称《关于实行分税制的决定》）作为一部行政法规，在很大程度上扮演了财政宪法的角色，它对政府间尤其是中央政府与地方政府间的事权划分进行了规定，但尚不足以成为民生保障事权划分的基本依据。其规定中央财政主要承担的事权范围是：国家安全、外交和中央国家机关运转所需经费，调整国民经济结构、协调地区发展、实施宏观调控所必需的支出以及由中央直接管理的事业发展支出，具体包括国防费，武警经费、外交和援外支出，中央级行政管理费，中央统管的基本建设投资，中央直属企业的技术改造和新产品试制费，地质勘探费，由中央财政安排的支农支出，由中央负担的国内外债务的还本付息支出，以及中央本级负担的公检法支出和文化、教育、卫生、科学等各项事业费支出；由地方财政主要承担的事权范围是：本地区政权机关运转所需支出以及本地区经济、事业发展所需支出，如地方行政管理费，公检法支出，部分武警经费，民兵事业费，地方统筹的基本建设投资，地方企业的技术改造和新产品试制经费，支农支出，城市维护和建设经费，地方文化、教育、卫生等各项事业费，价格补贴支出以及其他支出。从上述规定来看,与民生保障直接相关的教育、文化、卫生等领域既属于中央财政的支出范围,亦在地方支出之列,而具体的分工标准并不明晰,究竟哪些归入"中央本级负担",哪些又作为"地方文化、教育、卫生"的范畴,实际上没有得到明确。与此相对,分属中央与地方征管的税种、分享比例却有较明确的规定。依照该规定,分税制的基本内容是"按照中央与地方政府的事权划分,合理确定各级财政的支出范围",再"根据事权与财权相结合的原则"进行税收征管权的划分,换言之,事权划分是财权划分的前提。但是从该规定的名称以及所确立的指导思想来看,如何进行分税以保障中央财政收入的稳定增长才是其力图解决的主要问题,对事权的划分明显不够重视,因而无法为民生保障提供具有可操作性的依据。

3. 预算法律制度

1995年开始施行的《预算法》完全承继了《关于实行分税制的决定》的内容,除了概要性地规定"国家实行中央和地方的分税制"、列举预算收支范围、确立预算管理的纵向级次(即一级政府一级预算)及横向分割(即同级人大对政府的预算审批)之外,就政府间事权的划分问题并未作进一步规定。在《预算法》修订过程中,公布的两次修订意见稿曾就建立财力保障与支出事权相匹配的财政管理体制,以及政府与人大的相关权限作出原则规定,即"各级政府之间应当建立财力保障与支出责任相匹配的财政管理体制。中央和地方的分税制财政管理体制,由国务院规定,报全国人民代表大会常务委员会备案。地方各级政府之间的财政管理体制,由各省、自治区、直辖市政府规定,报本级人民代表大会常务委员会备案",这一规定采取了"分税制财政管理体制"的提法,意在对财权、事权以及财政转移支付作出全面规定,打破了过去重财权划分轻支出责任的观念误区;同时提出"财力保障与支出责任的匹配",较之长期使用的"财权与事权匹配"的提法亦更为科学,一方面凸显了财政支出的责任蕴涵,另一方面更为全面地涵盖了用于支撑支出责任的收入来源。而引起较大争议的是该规定作出的政府与人大在决定财政管理体制上的权限安排。异议者认为财政管理体制的调整属于重大事项,应当报经人大常委会批准而非备案,但肯定者指出我国现阶段适应经济社会发展需要的财政管理体制可能会时常发生变动,由政府规定报人大常委会备案的做法更有利于推进改革,提高效率。由于在此问题上无法取得共识,2014年修订的《预算法》最终删除了修订意见稿中的新增表述,回归到原有的"国家实行中央和地方分税制"的规定,因此目前的《预算法》在政府间事权划分的问题上没有提供新的、有价值的规范依据。整部法律集中关注的是从预算编制、审批到执行、监督的预算运作过程的规范问题,它侧重于从预算管理的角度进行相应权力,即预算编制权、预算审批权、预算执行权、预算监督权的配置及对权力相互间的关系进行定位,实质上是对预算管理内部权力的分割。而预算管理只有在确定一定级次政府事权的前提下才可能启动并有效运作,《预算法》恰恰将这个重要的前提性问题虚置化,交由一部在立法层级上更低的行政法规去规范,这不能不说是新《预算法》的一个缺陷,使《预算法》丧失了其作为财政基本法本应具有的功能。

4. 财政转移支付法律制度

政府间财政转移支付是政府间财政关系制度的重要组成部分,其重要的功能定位在于:弥补地方财力不足,保障地方政府拥有足够的财力来履行支出责任,同时实现特定的政策目标。财政转移支付本身虽不直接解决事权划分问题,但两者关系密切,从财政转移支付的方向、额度、方式等方面可以测度事权划分的合理性,为后者的制度改革提供方向。比如,财政转移支付在一定时期内集中投入某些领域显示出某项公共事务的重要程度,这种信息可以作为判断现有事权划分是否合理的依据;又如通过考察财政转移支付占地方政府收入来源的比例以及与地方本级支出的对比关系,可以显示政府间财政依存的程度,如果地方政府支出的来源大量依赖中央政府的转移支付,甚至超过了地方政府的本级支出,这就表明现有事权划分与地方政府拥有的财力相比明显不匹配,而通过财政转移支付增强财力的做法存在客观限度,因此,有必要对事权本身进行调整。从理论上分析,一个规范化运作的财政转移支付体系对完善事权划分制度是具有重要意义的。但是实践中,我国的财政转移支付制度存在诸多弊端:在形式上,它主要由财政部发布的规范性文件及地方性行政规章组成,尽管 2014 年修订的《预算法》为财政转移支付的规范运行提供了基本法律依据,但是涉及相关具体事项的财政转移支付仍然主要适用财政部的规定。该规定立法位阶低、约束力有限,并且往往针对各专项资金的转移支付分别颁布相应的财政转移支付办法,体系零散。在内容上,侧重于转移支付资金的计算,缺乏就财政转移支付的主体及其职权、标准与程序、监督与救济作出统一的规定。在财政转移支付的具体方式上,大量存在的税收返还与补助方式对地方政府行为形成扭曲,一方面,税收返还被当成奖励地方政绩的一种途径,使其成为扩大地区差异的诱因;另一方面,财政补助助长地方政府的道德风险,刺激地方政府非理性的支出冲动,降低财政支出的效率。财政转移支付制度的缺失固化了政府间财政关系的行政性调整机制,因而,财政转移支付不仅未能助推事权划分制度的完善,相反,还成为政府间支出事权长期未得到明晰界定的重要因素。在现有的运作体系下,是否进行事前的事权划分已变得无足轻重,事后的讨价还价式的利益博弈已经提供了解决问题的基本途径,一旦因职能边界不明发生分歧,就诉诸临时谈判和磋商形成双方妥协的方案,由此对地方政府的财政行为形成反向激励,放大了中央政府的财政风险。

财政转移支付的随意性、不稳定性问题在民生保障中表现得更为明显。一方面,财政转移支付的投向近年来日益向民生领域集中,这反映了民生类公共产品或服务供给的重要性,但亦使财政转移支付自身的缺陷扩展至这一领域,从而对民生保障事权的划分产生抵消乃至取代的消极影响;另一方面,民生需求固有的动态性、发展性的特点更容易使财政转移支付在实施中因追求灵活性、回应性而放弃规范约束,进一步加剧民生保障事权划分的模糊性。从现有相关规定来看,涉及民生保障的财政转移支付内容严重不足,主要集中于财政部制定的年度一般性财政转移支付办法以及地方政府针对特定事项颁布的财政转移支付办法。比如2011年财政部发布《中央对地方的均衡性转移支付办法》就教育、文化、医疗、卫生、社会保障、就业领域的标准财政支出的计算进行了规定,[①]地方政府则主要围绕农村税费改革、农村教育、生态保护方面出台了专项措施。2014年修订后的《预算法》对财政转移支付的目标、类型,专项财政转移支付的规范性,上级政府安排转移支付的禁止性义务作出了规定,从宏观维度填补了我国财政转移支付法律供给的空白,但是,仍然缺乏专门针对民生保障的、全面、系统的财政转移支付制度,涉及民生相关具体领域的财政转移支付仍以适用财政部的规定为主。

5. 民生支出领域的法律制度

整体而言,《社会保险法》、《教育法》、《就业促进法》等民生支出领域的法律制度未就政府间如何划分事权进行明确规定,而更为集中地关注了相关领域个人和企业的责任问题。比如《社会保险法》第5条规定:"国家多渠道筹集社会保险资金。县级以上人民政府对社会保险事业给予必要的经费支持。国家通过税收优惠政策支持社会保险事业。"对于社会保险资金筹集的多元渠

---

① 财政转移支付的金额按照各地标准财政收入和标准财政支出差额及转移支付系数计算确定,并考虑增幅控制调整和奖励情况。

道、必要经费的判断标准、税收优惠的具体内容,并未提供明晰的实施依据。但与此同时,该法对个人及企业的缴费义务却有比较详细的界定,不仅确立"基本养老保险实行社会统筹与个人账户相结合"的基本原则,指出基本养老保险基金的结构"由用人单位和个人缴费以及政府补贴等组成",而且在统筹基金、个人账户、政府补贴三者的关系上,前两者在基本养老保险支出中居主导地位,后者仅在基本养老保险基金出现支付不足时承担补充责任或在统筹层级范围内进行调剂。① 社会保险的基本运作机理在于运用保险这一种社会化筹资的模式分散集聚在个人身上的年老、失业等社会风险,因而具有多方筹集、共同负担、权利与义务对等的特点,个人缴费与资金统筹在社会保险运作中发挥关键的作用,但是,政府对社会保险的支出事权是否仅仅局限于事后的补足或调剂,或者针对社会保险基金运营收益以税收优惠的间接方式支持社会保险的正常支付,政府究竟应当扮演什么角色,是值得深入研究的。从实际运作来看,受现有的筹资及支出模式(即统账结合的部分积累制)的影响,基本养老保险面临着统筹账户入不敷出、个人账户空转、政府名义责任虚位、隐性债务沉重、财政风险增大的问题,并且随着未来社会老龄化趋势的日渐明显,养老金的收支矛盾将更为突出。根据 2013 年社会保险基金预算情况,2013年企业职工基本养老保险基金收入 18791 亿元,其中保险费收入 15501 亿元,财政补贴收入 2669 亿元。与此同时,支出达到 16460 亿元。也就是说,若剔除财政补贴,养老保险已经陷入收不抵支的境地,缺口近千亿元。事实上,社会保险收入来源过度依赖财政的问题已经存在多年,② 养老保险结余近 2/3 来自各级财政转移支付,这从另一个侧面印证了当前养老保险筹资支出机制的弊端,形式上统账结合的部分积累制实际上演变为由各级财政转移支付承

---

① 《社会保险法》第 13 条规定"基本养老保险基金出现支付不足时,政府给予补贴",第 71 条规定"国家设立全国社会保障基金,由中央财政预算拨款以及国务院批准的其他方式筹集的资金构成,用于社会保障支出的补充、调剂"。《国务院关于完善企业职工基本养老保险制度的决定》(国发〔2005〕38 号)规定"进一步加强省级基金预算管理,明确省、市、县各级人民政府的责任,建立健全省级基金调剂制度,加大基金调剂力度"。

② 社科院编撰的《中国养老金发展报告 2011》显示,从 1997 年各级财政开始对养老保险转移支付算起,补贴规模迅速扩大。2000 年各级财政补贴金额为 338 亿元,2006 年为 971 亿元,2010 年为 1954 亿元,2011 年新增补贴高达 2272 亿元,财政累计补贴金额达 1.2526 万亿元。这意味着,近 2/3 的养老保险累计结余(按照官方统计数据,截至 2011 年,养老保险金累计结余为 1.9 万亿元)来自财政转移支付。

担主要兑付责任的现收现付制,社会保障债务的隐性化问题事实上已经显性化。政府间如果不是通过事前明确划分事权,以确定的方式承担社会保障支出的责任,而是事前将责任隐性化、模糊化,事后又进行大规模的、非规范的财政转移支付以解决收支失衡的问题,其结果将会使社会保险基金的运行陷入恶性循环,加剧收支矛盾,亦不利于地区间社会保障水平的平衡。正是在此意义上,有学者指出政府尤其是中央政府能否现实地承担起对"隐性社会保障债务"的清偿责任,是社会保障制度改革能否成功的基本前提,主张将现行的基本养老保险制度中的社会统筹部分独立出来,改造成为由中央政府通过工资税(社会保障税)融资并且直接管理的公共养老金计划。① 值得注意的是,目前针对社会保险尤其是养老保险制度改革的讨论主要集中于具体筹资机制及支出方式的操作层面,比如提出国有股划拨、延迟退休年龄等,而较少从政府间事权划分的层面展开,难以从根本上解决问题。此外,在《教育法》、《就业促进法》中仅是笼统规定了对教育、就业促进的财政支持原则,而对政府间如何划分事权这一问题并未明确。

三、民生保障事权划分法律机制的构建

(一)全面考量政府间事权划分的影响因素并在法治化框架内进行适时动态调整

基于财政联邦主义或财政分权的理论,中央政府与地方政府的事权划分主要围绕资源配置职能展开,收入分配职能与宏观调控职能则主要由中央政府承担。决定资源配置职能在中央和地方间划分的主要因素包括地区间居民偏好的异质性、辖区间竞争和分工、规模经济和外部性、地理条件与人口规模、限制政府权力与民主自治诉求等。② 从理论上分析,这些因素相互之间存在对立和紧张的关系,被赋予的权重不同就会产生不一致的规范结论。比如从地区间居民偏好的异质性、辖区间竞争和分工的必要性、限制权力与实现民主

---

① 和春雷主编:《社会保障制度的国际比较》,法律出版社2001年版,第242页。
② 杨之刚、马珺、杨志勇等:《财政分权理论与基层公共财政改革》,经济科学出版社2006年版,第35页。

的重要性看,多数规范建议认为分权程度越高,资源配置越接近于地区居民的偏好,收入与支出的联系更强,预算规模更容易受到控制,预算过程更加透明,公共产品供给机制越趋向最优,因而由地方政府承担支出事权组织公共产品供给不仅比由中央政府按照全国统一的标准安排预算支出更有效率,有利于激励地方政府在区际竞争中提供更高质量的公共服务,而且在限制政府的收入最大化行为以及回应公众的民主诉求方面,亦会产生积极作用。但是从实现规模经济以及内在化外部效果的角度考察,多数规范建议则主张,具有规模经济和外部效果的公共活动应当相对集权,即由中央政府承担支出事权。此外,辖区规模大小及人口密度等社会因素亦会影响政府间事权的分配。

从实证经验层面来看,现有的关于集权或分权绩效的实证研究表明,集权或分权的程度与经济效率、政府规模、政治民主之间并不具有确定必然的联系,各国的实践亦并非遵循一套一致规则以指导政府间事权的划分。随着经济发展、社会结构转型、政治体制改革等环境条件的变化,事权的配置格局还可能发生进一步变化。

尽管规范的理论分析与实证经验研究都难以得出一致的结论,但是将事权划分问题纳入法制轨道却是各国普遍采取的做法。事权划分的法治化并不是、亦不可能搭建起一个标准的最优分权模型,何为最优只能在不断试错、修正的实践中逐步确定实现。法治化的意义在于确定各级政府行使事权的法律依据,赋予地方政府事权自主的法律地位,强化政府间财政转移支付的补偿激励与风险约束,确立政府间事权调整的权力与程序。围绕权力与责任、激励与约束、实体与程序方面的内容,相关制度的构建与完善显然不可或缺。

(二)自上而下地建立事权划分的完整法律体系

政府间事权的划分是一个涉及国家财政体制的重大问题,应当置于一国宪法的层面作出规定,其主要任务是提供在不同层级的政府间配置相应事权的基本原则,并重点界定中央政府的事权范围;在此基础上,通过颁布专门的财政基本法、财政收支划分法、地方自治法等法律进一步明确各级政府承担的事权范围,尤其重点解决地方以下各级政府的事权分工以及中央与地方承担混合事权的问题;在涉及预算管理问题的预算法层面,则负责解决不同层级政府预算的编制、审批、执行、调整中的具体问题。由此形成从宪法到财政基本法、财政收支划分法、地方自治法,再到预算法的事权划分的完整法律体系。

(三)明确民生保障的事权分担依据

从各国实践情况来看,解决民生类公共产品或公共服务的事权分担问题恰恰构成其财政收支划分法律体系的核心内容。诸如国防、安全、外交等涉及整个国家全局性利益的公共产品一般都毫无争议地归属于中央政府的事权范围,并在一国宪法中得以明确规定,但它与民生的关联度是间接的。而直接涉及民生的社会保障、教育、文化等事项名目繁多,彼此之间性质差异较大并且变动频繁,有待财政收支划分法、财政基本法等立法对各级政府的支出责任进行确定。当然,为了适应民生支出动态调整的需要,国外立法对事权配置的核心在于立法权归属的划分,将提议、批准、监督某一类支出的立法权明确赋予某级政府的相应立法机关,而非事无巨细地列举各类具体支出事权。一般而言,具有更强的收入分配性质、需要全国统一标准、涉及普遍性生活质量问题的社会保障,尤其是养老保障被纳入中央政府的事权范围;对地方社区居民生活有直接影响的卫生、住宅等事权交由层级较低的政府承担;教育一般作为各级财政共同承担的支出项目。同时,根据经济社会发展变化的实际,民生支出的事权划分也在不断调整,上收与下放的趋势并存。比如美国教育领域多次发生教育财政诉讼,促使教育事权上收,而在社会保障领域,事权下放的趋势已经成为美国福利制度改革的中心内容。民生类公共产品的多样性、动态性决定了对其事权的法律配置需要更为具体而全面,这也是在许多国家的事权划分体系中基本都围绕民生支出展开的原因。

我国在确立民生类公共产品或服务的事权分担依据时,有必要借鉴上述经验,根据各类民生支出的特点与性质,分别规定其事权承担者。涉及混合事权的领域,有必要规定各级政府承担的具体范围,并通过制定《财政收支划分法》等财政基本法将上述事权的配置格局进行法定化。具体而言,针对教育支出事权,可以规定受益范围最广的义务教育由中央财政承担,具有差异性与多样性、反映地方性发展特点与定位的职业教育由地方财政承担,介于二者之间的、兼有全国统一性要求与体现自身优势的中高等教育由中央财政和地方财政共同承担。针对社会保障支出事权,按照目前《社会保险法》的规定,"基本养老保险基金逐步实行全国统筹,其他社会保险基金逐步实行省级统筹",可以看出基本养老保险相对于其他社会保险在支出事权方面存在上移的发展趋势,有必要在此基础上进一步规定基本养老保险与其他社会保险基金的财政事权分担机制,其中,基本养老保险应当加大中央财政的承担力度。笔者赞同

"将现行的基本养老保险制度中的社会统筹部分独立出来,改造成为由中央政府通过工资税(社会保障税)融资并且直接管理的公共养老金计划"的观点,这种方式有利于避免中央财政承担"隐性社会保障债务"的问题,除养老保险之外的其他社会保障支出事权主要由地方财政承担。针对就业、医疗卫生支出事权,规定需要全国统一标准、覆盖全体居民、涉及基本生存保障与生活尊严的就业促进服务与医疗卫生保健服务由中央财政承担,体现地方差异与个体化需求的就业与医疗服务由地方财政或者个人和家庭自己承担。针对住房支出事权,划分的重心在于保障性住房建设领域,由于其与地方居民利益关联紧密,具有典型的地域性,并且地方政府在掌握地方居民资产状况方面具有信息优势,因而保障性住房支出事权由地方财政承担主要责任,但是中央财政应当加强对中西部财政薄弱地区的转移支付。

在确定民生保障事权划分的基本框架的基础上,可以根据经济社会的发展变化,灵活调整民生事权的配置格局,允许相关事权的上收与下放。但是应当注重事权调整标准、调整程序、调整主体、调整方式的法治化,保障利益相关主体的知情权、监督权,避免事权调整的随意化现象。

(四)构建地方政府事权自主的法律保障机制

事权自主是财政自主的重要组成部分,是地方政府自主安排预算支出、履行法定职责的体现。但在实践中往往因地方财力配备不足、上级政府不正当地干涉以及履行职责过程中相关法律依据缺失的问题而受到影响,从而陷入"上级挤下级、下级求上级"的恶性循环的怪圈,导致事权划分失去意义。因此,构建地方政府事权自主的法律保障机制,对于确保法律规定的事权划分格局真正付诸实践具有重要的现实意义。这一机制包括的内容有:

1. 基层政府财力配备机制

建立与基层政府事权承担相适应的财力配备机制是实现事权自主的基本保障,值得注意的是,实践中推行的"乡财县管"及"省直管县"的改革通过弱化乡级、地市级政府职能,增强县级财政管理权限及提高其分享比例的方式在一定程度上缓解了县乡财政困难问题,对于维系基层政权的正常运转与县乡经济社会稳定发展起到了积极作用。但是两项改革并未从根本上改变基层政府财力脆弱的境况,其中实施"乡财县管"的直接动因在于遏制乡镇财政中向农民乱摊派、乱收费、乱支出的不规范行为,县乡两级的总财力并没有增加,不足以从根本上解决农业税免除后财政收入削减与事权负担沉重之间的矛盾;"省直管县"的改革虽有利于增加县级财力,但其实现路径是保持既有的分税制格局不变,单纯提高县级财政分享比例,这对解决其收支失衡的问题作用有限。建立基层政府财力配备机制既不同于简单粗放的以"堵"或"收"为主导的事后约束模式,亦不同于以"放"或"予"为主导的分享激励模式,而是客观分析导致基层政府财政乱象的深层原因,从扩张基层财政的收入来源入手,以建立规范的地方税与地方债融资机制为地方财政谋求增收的冲动提供一个正常稳定的渠道。具体而言,应以目前正在全面推进的"营改增"税制改革为契机,在遵循税收法定的基本原则之下,启动地方税制的完善工作;同时,在《预算法》完成修订、国务院颁布相关细则实现地方债规范运作的法治背景下,坚决落实地方债的限额管理机制,严格控制债务风险。

2. 上级政府非正当干涉行为的约束机制

事权划分一旦确定,应当保持其一定时期的稳定性,避免因为上级政府对下级政府非正当的干涉,比如硬性规定支出、摊派或强制性配套等而额外增加下级政府的事权负担。在立法上可以通过细化上述行为的表现形式,明确追责标准与追责主体,建立多元化的行政问责机制等内容,强化对该行为的法律约束。

3. 事权行使中的授权机制

事权划分是各级政府行使事权的基本依据,其具有"必须为"的法定约束力,但在"如何为"方面亦具有相当的弹性,尤其在我国,各地经济社会发展极不平衡,要求"一刀切"式地采取某一种方式显然不合时宜,因而有必要赋予地方在事权行使过程中的自主权,为地方因地制宜地组织公共服务供给与进行地方制度创新提供必要的法律授权。实践中地方自主推行的公共服务供给改革其实并不少见,其本质是地方政府主导的制度变迁与创新,比如浙江长兴县"教育券"、浙江温岭县"参与式预算"、安徽省"乡财县管"等,但支持上述变革的依据大多来自部门规章甚至政策性文件,均缺少来自法律层面的认可与保障,看重制度试点带来的示范效应以及与此伴随的对财政资源的支配权力,而忽视制度运行的长期效果以及规范的责权义的配置。因此,在对各级政府事权划分的同时,应当规定事权行使的基本原则,强化事权行使的法律依据。

4. 完善财政转移支付制度,在补偿财力与控制风险之间寻求平衡

首先,上升财政转移支付的立法层级,确保财政转移支付的稳定性与规范

性。其次,进一步完善财政转移支付的两种方式,强调一般性转移支付的主体地位,使转移支付回归均衡地区间财力的基本价值取向,去除繁杂的补助方式,避免地方政府的消极行为,控制地方政府不合理的支出冲动;完善专项转移支付制度,对上级政府委托下级政府办理特定事务或者共同承担事务的支出应当纳入规范化轨道。再次,细化财政转移支付的适用范围、适用条件、支付程序、支付额度标准、管理机构等方面的规定,对上级政府实施财政转移支付的权力进行制度约束。最后,在对纵向财政转移支付进行制度完善的同时,应当注重横向财政转移支付的规范化,使不同财力地区能够真正实现公共服务均等化。

第六章
财税调控的法律规制研究

一、问题的引出

面对日益高企的房地产市场价格,国务院相继颁布了《关于坚决遏制部分城市房价过快上涨的通知》(简称国十条)、《关于进一步做好房地产市场调控工作有关问题的通知》(简称国八条)、《关于继续做好房地产市场调控工作的通知》(简称国五条)等若干政策性文件,要求通过加大财政投入、税收优惠等财税政策推进保障性安居工程的建设,满足居民一般住房需求;通过加强土地增值税、营业税等税种的征收监管,强化房地产定价规则的监管,增加投机性购房转让成本。可以说,强化财税政策调控力度,保障房地产市场健康有序发展已经成为从中央到地方各级政府的一项基本使命,财税调控措施的实施成效如何将不仅关系到社会民生的保障与改善,而且从长远来看对经济的可持续发展也将产生影响。

如此高频率、大力度的房地产市场财税调控政策是否达到了预期的目标?2013年7月国家统计局发布的全国70个大中城市住宅销售价格统计数据显示,在70城中房价环比上涨的城市月均达到50个以上,尽管上涨数量有所缩减,但是整体上涨态势依旧。这表明政府采取的严厉的调控措施对市场的影响程度有限。① 在一系列财税调控政策出台前后,学界围绕财税调控的相关问题,尤其是在法律上如何看待以上措施已经出现了一定争议。在房地产市场上的财税调控政策是整个宏观经济财税调控政策的一个个例,由此折射出我国运用财税手段调控宏观经济过程中存在的问题。以下将侧重从法律的层

---

① 《70城房价9成环比上涨 为何"国五条"没威力》,参见 http://finance.ce.cn/rolling/201307/18/t20130718_555874.shtml,下载时间:2014年11月10日。

面，对宏观经济财税调控中的相关法律问题进行探讨，在总结、评析相关研究成果的基础上，梳理财税调控中的争议观点，提出完善我国宏观经济财税调控法律体系的若干建议。

二、财税调控法律制度框架及其改革动向

（一）财税调控法律制度的框架

学界一般认为财税调控法律制度即是运用财税手段调控宏观经济的相关法律制度，包括财政法与税法两大组成部分。财政法是调整财政管理权限关系和财政收支管理关系的法律体系，可以进一步划分为旨在界定中央和地方各级政府财政收支权限的财政收支划分法，旨在对财政收支作出总体安排的预算法，旨在规范财政收入活动的财政融资法，旨在规范财政支出方式的财政转移支付法和政府采购法，旨在对财政收支的中间环节进行管理的财政资金管理法，以及旨在对整个财政活动进行监督的财政监督法。调整税收关系的税法，从规范财政收入的一种形式——税收的角度而言是财政法的组成部分，但鉴于税收关系涉及国家与公民、组织间的经济关系，具有相对独立性，因而一般将税法从财政法中分离出来，单独研究。

从实证的角度看，我国目前已经初步建立起与社会主义市场经济体制相适应的财税调控法律制度框架。

1. 财税体制法律制度

1993年12月国务院发布的《关于实行分税制财政管理体制的决定》奠定了我国分税制财政管理体制的基础。《关于实行分税制财政管理体制的决定》调整了原有的地方财政包干体制，建立了中央和地方的税收体系，同时建立了税收返还和转移支付制度。尽管在性质上，《关于实行分税制财政管理体制的决定》只能被定位为政策性文件，但从其内容来看，涉及中央和地方各级政府的财权与事权配置、税种的划分与支出范围的界定、中央与地方税务机关分立等一系列事关财政收支权力安排的重大制度变迁，因而事实上扮演了立法的角色。在目前我国仍然缺乏一部规范财政收支活动的财政基本法的前提下，《关于实行分税制财政管理体制的决定》在一定程度上还起到了财政基本法的

作用,有利于明确财政的职能、原则、活动方式、决策程序等基本问题。

2. 预算法律制度

1995年全国人大颁布《预算法》,该法是调整财政收支总体安排的基本法律,对于强化我国预算的分配和监管职能,健全预算管理,加强国家宏观调控,保障经济和社会健康发展起到了重要作用。此后,国务院颁布《预算法实施条例》、《中央预算执行情况审计监督办法》,全国人大制定《关于加强中央预算审查的决定》,进一步细化预算法律体系。2014年8月31日,第十二届全国人大常委会第十次会议审议通过了《全国人民代表大会常务委员会关于修改〈中华人民共和国预算法〉的决定》。新修订的《预算法》在建立全口径预算管理制度、预算公开制度、地方债与财政转移支付制度、人大预算审查监督制度、预算民主制度、预算法律责任制度方面取得了较大突破,凸显了全面规范、公开透明的现代预算制度改革方向。

3. 税收法律制度

全国人大及其常委会先后颁布实施了《个人所得税法》、《外商投资企业和外国企业所得税法》和《税收征收管理法》。这是三部以法律形式颁布的税收领域立法。其中,《个人所得税法》历经多次修订,其重心在于个税起征点的调整。外资企业所得税法与内资企业所得税法在2007年合并为一部《企业所得税法》,对外资企业和内资企业进行统一调整,适用相同的所得税税率,实现内外资企业的税负公平。国务院还制定颁布了《增值税暂行条例》、《消费税暂行条例》、《营业税暂行条例》、《企业所得税暂行条例》、《土地增值税暂行条例》等税收行政法规。

4. 财政资金管理法律制度

在相当长的时间里,财政资金管理涉及的一项重要内容便是针对预算外资金,国务院、财政部相继颁布了《关于加强预算外资金管理的决定》、《关于深化收支两条线改革进一步加强财政管理意见》、《预算外资金管理实施办法》、《中央预算外资金财政专户管理暂行办法》等。2014年修订《预算法》后,政府的全部收入和支出按规定都应当纳入预算,因而,预算外资金管理已经失去存在意义。除此之外,财政资金管理还包括财务管理与国库管理。国务院和财政部先后制定《企业财务通则》、《企业会计准则》、《企业财务会计报告条例》等,对加强企业内部财政资金管理作出具体规定。国库管理制度主要体现在《预算法》中,《预算法》对国库的设立、财政资金入库与出库管理作出了规定。

5. 政府采购法律制度

2002年全国人大通过《政府采购法》，为实行政府采购提供了基本法律保障。财政部还制定了《政府采购招标投标管理暂行办法》、《政府采购合同监督暂行办法》、《中央单位政府采购管理实施办法》等规章制度，为规范政府采购提供了依据。

6. 财政监督管理法律制度

国务院和财政部先后制定了《关于违反财政法规处罚的暂行规定》、《关于违反财政法规处罚的暂行规定施行细则》、《财政监督机构工作暂行规定》、《财政监督专员办事机构暂行规定》、《财政检查工作规则》等规章制度，对违反财政法律法规的行为追究责任。

(二)财税调控法律制度在宏观经济调控法律体系中的地位

财税调控法律制度在整个宏观经济调控法律制度中占据着重要地位，这不仅是因为财税调控是政府运用的宏观调控手段中作用力度较强、效果较明显的一种，财税调控手段的实施成效，是政府能否成功调控宏观经济的关键所在，而且还因为财税调控贯穿于宏观经济调控的相关领域，是金融调控、产业与区域经济调控过程中不可或缺的重要手段，在引导金融、价格、投资等其他调控手段发挥合力方面起到重要的利益诱导的作用。财税调控法律制度在宏观经济调控法律体系中承担了资金筹集、支出分配、调节收入、促进公平的责任，直接关乎宏观经济调控的经济与社会、国际与国内各方面的政策目标实现。

(三)财税调控法律制度的改革动向

1. 预算法修订淡化宏观调控工具色彩

1994年制定的《预算法》将"强化预算的分配与管理，加强国家宏观调控"作为其立法宗旨，可见在当时的时代背景下，预算法作为宏观调控工具的色彩十分浓厚，整个政府的财政收支活动都以满足宏观经济调控需要作为其目标指向。尤其是在20世纪90年代，为应对经济危机而采取的扩张型财政政策使得国家过度介入经济建设领域，导致经济社会发展不平衡，基本公共服务供给缺位。这种应急性的经济策略虽在短期内有利于提振经济，却带来经济发展不可持续、经济社会发展失衡等问题，原因就在于支撑公共政策的财政活动处于不规范、非理性的状态，政府财政活动缺乏预算控制。预算不是约束政府收支行为的工具，相反却成为服务于政府公共目标的手段，这无疑极大地削弱了预算独立存在的价值以及更重要的预算对政府收支活动的约束效力，进而对维系财政收支平衡及财政自身的可持续性产生消极影响。基于此，2014年颁布的《预算法》将立法宗旨修改为"为了规范政府收支行为，强化预算约束，加强对预算的管理和监督，建立健全全面规范、公开透明的预算制度"，删去了"加强国家宏观调控"的措辞，强化了预算本身的独立性以及对政府财政活动的约束性。

2. 税法的变革是财税调控法律制度的一大亮点

与淡化预算法的宏观调控工具色彩相对，近几年税法的变革成为财税调控法律制度的一大亮点，税法在财税调控法律制度中的地位日益凸显。具有代表性的是以下几项改革：

（1）内外资企业所得税合并。2007年十届全国人大五次会议表决通过《中华人民共和国企业所得税法》（以下简称《企业所得税法》），并于2008年1月1日开始实施，《中华人民共和国外商投资企业和外国企业所得税法》及《中华人民共和国企业所得税条例》同时被废止。该部法律的颁布不仅在形式上标志着内外资企业所得税纳入统一的立法调整，适用统一的企业所得税税率并按统一的税前扣除办法和标准计征企业所得税，而且在内容上实现了税收优惠政策统一，实行"产业优惠为主、区域优惠为辅"的新税收优惠政策，目的在于淡化企业所有制的身份差异，突出国家经济发展战略、产业及区域政策的导向作用。统一的《企业所得税法》相比于两税分立的立法格局呈现两大进步：

一是在税法的刚性调整部分，即在确定纳税对象、征税范围、适用税率、计征标准方面实现两税合一。《企业所得税法》不再基于所有制差别将企业划分为内资企业和外资企业，而主要依据是否在中国设立实际管理机构将纳税主体划分为居民企业和非居民企业。即使资本来源是境外的投资者、企业设立的依据是境外法律，但只要实际管理机构在中国境内，都将被视为与资本来源于境内、企业设立的依据是我国法律的企业具有同等的法律地位，均作为居民企业，应当就其来源于中国境内、境外的所得按25%的税率计征企业所得税。对于依照境外法律设立而在境内未设立实际管理机构的非居民企业，若有来源于中国境内的所得及与设立的一般性机构、场所有实际联系的境外所得，也按25%的税率计征企业所得税，除非该类企业在中国境内未设立机构、场所或者取得的所得与设立的机构、场所无实际联系,则仅对其来源于中国境内的所得按20%的税率计征企业所得税。

二是在税法的柔性调整部分,即在确定税收优惠方面,以规范的"特惠制"取代不规范的"普惠制"。《企业所得税法》所规定的税收优惠政策不再泛泛地主要按身份及地区差异给予各类企业,而是以国家经济发展战略、产业及区域政策为导向,支持"从事农、林、牧、渔业项目"、"从事国家重点扶持的公共基础设施项目"、"从事符合条件的环境保护、节能节水项目"、"从事符合条件的技术转让"的企业,对其从事上述项目取得的所得免征、减征企业所得税。因此,只要企业按照符合国家政策目标的方向从事经济活动,无论是内资企业还是外资企业,也无论是沿海企业还是内陆企业,都同等享受税收优惠,这就扩大了税收调控的范围,增强了税收调控的力度。同时,为了吸引更多资金流向少数民族地区,支持少数民族地区的经济发展,《企业所得税法》还规定了自治区对本地方企业应缴纳的企业所得税中属于地方分享的部分,可以决定减征或免征,自治州或自治县决定减征或免征的,应当报省、自治区、直辖市政府批准。对于在依法设置的对外经济合作和技术交流的特定地区以及国务院已经批准执行特殊税收政策的地区内新设高新技术企业,所享受的税收优惠办法由国务院规定。上述规定体现了企业所得税的区域税收优惠政策,有利于区域经济协调发展。

(2)个人所得税修订。1980年五届全国人大三次会议通过《中华人民共和国个人所得税法》(以下简称《个人所得税法》),这是我国税收法制领域制定的较早一部单行法律。随着经济社会的改革与发展,该法历经多次修改,其中最大的变化就是关于工资薪金所得起征点的调整。根据《个人所得税法》的规定,个人所得税的应纳税所得额是根据个人不同的所得来源按不同的计征标准分别计算的。个人工资薪金所得是目前我国个人所得中最为普遍的一种收入形式。根据规定,以每月收入额扣除一定费用之后的余额作为工资薪金所得的应纳税所得额,再按超额累进税率计征个人所得税。显然,扣除费用的标准会直接影响应纳税所得额的高低,如个人工资薪金所得不足扣除费用则直接免于缴纳个人所得税。因而扣除费用实际上承担了起征点的作用,在很大程度上影响了不同收入阶层的税负水平,对于发挥税收的收入分配调节作用非常关键。正是基于这个原因,在历次个税计征标准修改上,关于个税起征点的调整问题都受到了极大关注。目前,个人工资薪金所得的起征点已从最初立法规定的800元调高到3500元,个税计征对收入分配调节的力度进一步增强。

(3)农业税免除。1958年我国颁布实施的《中华人民共和国农业税条例》(以下简称《农业税条例》),于2006年1月1日经全国人大表决被废止,标志着这一在中国历史上扮演了极其重要角色的税种彻底退出历史舞台。客观而论,农业税的征收在贯彻国家的农村政策,正确处理国家与农民的分配关系,发展农业生产,保障国家掌握必要的粮源,保证基层政权运转等方面,发挥了积极的作用。但是农业税的存在对促进农业的可持续发展与农民增收都产生了消极影响。农业税是面向占中国绝大部分人口的农村群体,对其从事农业生产所取得的按土地常年产量计算出的农业收入计征税收的一种地方税种,税制本身具有较强的刚性,且适用税率较高。而农业生产受自然因素影响较大,收益具有明显的不确定性,对农业收入征税无疑对农业的发展与农民收入水平均会产生直接影响,对于促进农业产业结构调整、扩大农业生产规模与提高农业生产效率也是极为不利的。因此,免除农业税不仅在减轻农民负担、提高农民收入水平上呈现了直接效应,而且对于优化产业结构、促进产业宏观调节也会产生深远影响。

(4)开征房产税。根据1986年国务院颁布的《中华人民共和国房产税暂行条例》的规定,房产税在当年10月1日即已经正式实施。时隔24年,重庆、上海两地作为对个人住房征收房产税的试点城市,分别颁布个人住房房产税征收管理实施细则,将原来立法中限于城镇经营性房屋而排除个人所有的非营业房产的征税范围扩大至个人住房。从征税范围的变化而言,2011年的房产税新政具有税收开征的实际效果。房产税征税范围的扩大,基本目的是调控房地产市场,遏制近几年在房地产市场上出现的房价过快上涨的势头,保障房地产市场健康稳步运行,同时为政府实施保障型住房供给提供财政支持。以重庆市发布的《重庆市个人住房房产税征收管理实施细则》(以下简称《细则》)为例,确定的征收对象是重庆主城九区的个人拥有的独栋商品住宅、个人新购的高档商品住房以及在重庆市同时无户籍、无企业、无工作的个人新购第二套(含)以上的普通住房。根据《细则》对征收对象中"独栋商品住宅"、"高档商品住房"、"新购住房"的具体界定标准,房产税主要针对拥有个人住房的高收入群体以及社会"炒房群体",而90%以上的社会普通公众受房产税新政影响很小。所征收的房产税将全部用于公租房建设,以解决社会低收入群体的住房保障问题。由此,重庆市所着力打造的"低端有保障、中端有市场、高端有约束"的房地产市场制度体系基本形成。

3. 财政支出法治化亟待加强

财政支出是宏观调控的基本手段,国家根据经济社会发展变化的情况,通过选择并调整财政支出方式、规模或频率,来调节社会总供给与总需求之间的关系,实现宏观调控的目标。财政支出又可以分为转移支付、政府采购、公共投资、税收支出等不同的类型。总体而言,目前我国财政支出的法治化亟待加强。

(1)转移支付及其法治化问题

作为政府资金单方面、无偿转移的一种方式,财政转移支付对于改变国民收入的分配格局、调节社会需求起到直接的影响作用。转移支付主要包括补助支出、捐赠支出和债务利息支出,其中以补助支出所占份额最多,对经济影响最大。用于保障社会成员基本生活需要的社会保障支出及对一定产业、社会经济组织或居民给予的财政补贴是补助支出的两大基本方式,在现代市场经济条件下,均带有明显的宏观调控作用,具有调节经济、熨平经济周期波动的功能。

目前,我国尚未颁布专门的转移支付法。较早实行的是财政部1999年颁布的《过渡期财政转移支付办法》,该规章就系统调整财政转移支付行为、规范财政转移支付标准、强化财政转移支付的法律责任而言存在局限。《预算法》修订后,对财政转移支付的目标、类型以及专项财政转移支付的评估和退出机制、上级政府安排专项转移支付的禁止性义务等方面作出了规定,确立了财政转移支付的基本法治框架。

(2)政府采购及其法治化问题

政府采购是政府购买性支出的具体表现形式,政府在付出资金的同时获得了相应价值的商品和劳务。政府采购以其购买行为和购买资金的公共性、购买过程的高度组织性、对市场秩序建设的导向性成为市场经济条件下欧美发达国家干预市场和实现其政策取向的重要手段。政府采购的规模通常占到这些国家GDP的$10\%\sim15\%$,占财政支出的$30\%\sim50\%$。政府采购借助其规模效应,可以有效地对经济总量和经济平衡进行调节:当经济不景气时,可适时扩大政府采购规模,拉动内需,刺激消费,以达到抑制衰退的目的;当经济过热时,亦可适当压缩政府采购规模,防止经济过度膨胀。同时,在政府采购活动中,政府通过规定优先采购什么、禁止采购什么、向谁采购和由谁采购等一系列政策措施,可以直接影响供应商的生产、销售行为及投资选择,促进产业结构优化升级,使区域经济结构更趋合理。

目前我国有关政府采购的法律、法规不健全,政府采购的总体规模偏小,宏观调控功能还没有得到充分发挥。例如,根据《政府采购法》第10条的规定,除非有特殊情形,"政府采购应当采购本国货物、工程和服务",但立法并未对本国货物的界定、采购方式及程序作出具体规定;另外,《政府采购法》规定"政府采购应当有助于实现国家的经济和社会发展政策目标,包括环境保护,扶持不发达地区和少数民族地区,促进中小企业发展",但对于达到上述"经济和社会发展政策目标"的具体采购方式、程序等同样缺乏进一步的规定。

(3) 公共投资及其法治化问题

公共投资是国家调节经济的一种重要形式,公共投资的时机、领域、规模、方向等都将对宏观经济运行产生重要影响,成为平衡社会总需求与总供给的有利工具。国家投资开办国有企业、兴建公共工程与基础设施等都是公共投资的典型表现,尤其是在民间资本不愿意进入或不适宜开展过度竞争的,关系国计民生、国民经济总体利益的领域,投资成立国有企业是公共投资弥补私人投资不足、克服市场局限性的最主要形式。因此,国有企业作为国有经济的重要组成部分,是实现国家宏观调控目标的重要组织载体。

而目前我们对国有企业的认识更多局限于微观层面,即如何理清企业产权关系、规范企业治理结构等,缺乏从宏观层面将国有企业视为国家调节经济的工具的意识,未能发挥国有经济弥补市场局限性的重要作用;更多地将国有企业作为市场主体,强调其回归企业本质的定位,缺乏从公共投资的视角对国有企业的功能进行全新的认识。正是基于这种认识上的局限,在法律制度上公共投资立法长期缺位,直接影响了国家以参与投资的方式进行宏观调控的成效。

(4) 税收支出及其法治化问题

税收支出是指政府为了特定目的而制定的旨在优待特定行业、特定活动或特定纳税人的各种税收优惠措施。从政府支出的角度来看,政府通过税收优惠放弃税收收入与将税收征缴后通过预算方式再拨付的支出方式在性质和作用上基本相同。因此,税收优惠作为一种通过税制体系进行财政支付的特殊方式,应当视为一种财政支出。通过税收支出进行宏观调控表现在诸多方面,比如《企业所得税法》规定国家对重点扶持和鼓励发展的产业和项目给予企业所得税税收优惠,以促进高新科技产业的发展;《中小企业促进法》规定国家通过税收政策鼓励各类依法设立的风险投资机构增加对中小企业的投资,以解决中小企业的融资困境,增强中小企业在促进经济发展和社会就业中的作用。税收支出这一概念并不是对税收优惠的简单替换,而是在确认税收优惠作为一种特殊财政支出手段的基础上,将税收优惠纳入与直接支出相同的预算管理程序中,以解决税收优惠存在的灵活性、隐蔽性较强,容易被滥用的问题,严格规范税收优惠的支出程序。同时将税收优惠与直接支出统一纳入预算进行统筹安排,也便于整合财税资源、发挥财税宏观调控的作用。

应当说,确立税收支出的概念并完善相应的税收法治对于优化财税宏观调控手段的选择、增强财税宏观调控的能力、治理税收优惠的泛滥与低效具有重要的意义。但是我国的税收支出概念在财税实务中较少运用,在立法上也主要以税收优惠的形式规定纳税主体的税负减免,而缺乏对税收优惠与直接支出在宏观调控中作用的统筹考虑,更缺乏对税收优惠的制度约束。

4. 建立财政支出绩效评价与问责制度是发展趋势所在

运用财税手段调节宏观经济的成效如何,是否据此对执行宏观调控政策的相关主体实施问责,这是财税调控法治未来改革发展所面临的重要课题。传统的财政法制框架是一个旨在进行财政资金分配并保证资金合法、合规运行的法律体系,并没有包含对财政运行效果、是否实现预期目标、效果与目标的偏离或吻合程度的财政绩效的评价的内容,更缺乏将评价结果与预算资金拨付、财政问责相联系的激励约束机制,在总体上具有重投入轻产出、重过程轻结果的特点。而未来财税法治改革的重点应当是在确保合法、合规性运行的基本前提下,更加重视为完成既定数量与质量的公共服务而投入的各项成本是否最低、公共服务提供过程中实施者对计划的遵从度与对具体项目的质量控制状况、在投入既定情况下是否获得最大的产出,以及实现财政支出目标的程度。质言之,财政支出绩效评价包含了投入、过程、产出和结果四个阶段不同的评价内容:在投入与过程阶段着重针对经济性、合规性;在产出与结果阶段着重针对效率性与有效性。

目前在财税宏观调控中体现绩效问责较为明显的是在房地产市场宏观调控上。根据国务院发布的《关于进一步做好房地产市场调控工作有关问题的通知》(以下简称《通知》),各级地方政府是否实现抑制房地产市场价格过快上涨的调控目标已被纳入中央问责地方的范畴。《通知》规定"地方政府应当切实承担促进房地产市场平稳健康发展的责任,切实将房价控制在合理水平",并"根据地方经济发展目标、人均可支配收入增长速度和居民住房支付能力,合理确定本地区年度新建住房价格控制目标,并于一季度向社会公布"。对于"新建住房价格出现过快上涨势头"等执行房地产市场调控政策不力的情形,

《通知》规定由住房城乡建设部、国土资源部、监察部会同有关部门,约谈省级及有关城市人民政府负责人;对于未如期公布本地区年度新建住房价格控制目标等情形,相关人民政府应当向国务院作出报告,并由住房城乡建设部、监察部等部门视情况进行问责。由上观之,地方政府在房地产市场调控中的职责、绩效考核与问责机制基本形成,但是《通知》对于地方政府执行中央房地产市场调控政策的评价机制与约束机制是否具有严格的法律效力?中央有关部门作为问责主体实施问责又是否具有正当性?对这些问题不无疑问。

三、财税调控存在的主要法律争议

(一)财税调控的法律定位问题:加强抑或弱化?

在法律上究竟应加强还是弱化运用财税手段来实施调控?对此的不同回答将直接影响财税调控法治的发展走向、规制范围和规范体系。实务界和学界形成了两种不同的认识。制定并实施财税政策的政府官员一般倾向于加强财税调控;而学界专家大都对运用税收手段实施宏观调控持谨慎态度,认为应当弱化税收作为经济调控工具的定位,并主张将运用财政手段实施宏观调控纳入法制轨道。

以房地产市场的财税调控为例。来自财政部的政府官员将房地产市场的财税调控政策概括为:通过税收政策调控市场和引导消费,通过土地和财政政策增加住房供应并改善住房品种结构,通过保障性住房政策增加有效供给和改善民生。具体表现在:通过实行差别化税收政策、加强土地增值税的征收管理工作、稳步推进个人住房征收房产税改革试点,完善房地产税收政策,抑制投资投机性购房需求;通过增加土地有效供应、进一步完善土地出让方式、加强土地出让收支管理,增加住房有效供给;通过建立多渠道、多层次的财政投入机制,对保障性安居工程实施税收优惠,以及规范租金管理,加快推进保障型安居工程建设,进一步改善民生。① 由此不难看出政府加强财税宏观调控的政策取向。体现房地产市场财税调控的一个典型范例便是以重庆、上海为

---

① 王保安:《将用财税政策调控房地产市场》,参见 http://people.newsccn.com/2011-03-04/36116.html,下载时间:2014 年 11 月 10 日。

首批城市试点的个人住房房产税改革。

与实务界极力推崇财税调控手段有所不同,在学界普遍存在对税收调控的担心,认为尽管税收政策的变动有助于调节宏观经济的运行,但对于保持税收的法定性、稳定性均产生负面影响,对税收的中性原则也将产生损害。因此,基于维护税收法定主义与税收中性原则的需要,主张应当淡化税收作为宏观调控工具的色彩,甚至清除税法中的宏观调控思想,让税收成为一种稳定的法律机制而不是变动的政策工具。与此相应,应当以体现税收中性的增值税制度为中心重构税法体系。更为重要的是,税收与纳税人的财产权紧密联系在一起,税负的增加或减免直接关乎纳税人的切身利益,根据新修订的《立法法》规定,关于"税种的设立、税率的确定和税收征收管理等税收基本制度"的事项只能制定法律。而当前针对个人住房征收的房产税,就其征收对象而言相当于新设一种税种,而其依据仅仅是地方政府颁布的"暂行办法",税收的正当性依据明显不足。当然,也有学者对税收在宏观调控中的现实地位予以肯定,认为基于市场机制的内在缺陷以及导致的经济周期性波动,宁可在一定程度上放弃税法的稳定性以及税收正义这一终极价值目标,也要承认国家可以运用税收手段调控宏观经济的运行。承认税法的宏观调控功能是直面国家干预经济的社会现实的需要。

相对于税收调控中的观点分歧,就财政调控而言,学者基本达成了共识,主张对于政府实施的各种财政支出方式,在与宏观调控形成有机联系的基础上,完善财政支出的法律规制。但是值得注意的是,财政支出的法律规制并不意味着财政支出活动全部纳入宏观调控法律体系加以调整,财政支出既有作为宏观调控手段的一种现实需要,也必须受制于预算的管理与约束,因而,财政支出的法律规制包含预算法的内容,换言之,财政调控的法律定位须同时在宏观调控法与预算法的层面上进行考量。两者的区别在于:宏观调控法重在对财政支出政策与宏观调控目标的实体规制——是否需要采取某项支出政策,由谁作出以及执行该政策,如何对政策执行乃至决策本身进行监督与问责等;预算法重在规范财政支出政策的预算程序,由政府编制预算并报同级人大批准,在获得预算支持下确保资金用在事先设定的相关项目上,而不会考察财政支出与宏观调控的关系,以及财政支出的分配标准等实体性问题。

(二)财税调控的法律原则问题:严格的法定主义抑或有弹性的法定主义?

财税调控应当坚持严格的法定主义原则还是有弹性的法定主义原则,在学界存在不同的看法,在实际操作中倾向于采用有弹性的法定主义原则。

就税收调控而言,本初意义上的税收法定主义是指税收制定法主义,即一切税的课征均以立法机关制定的法律为依据。没有法律依据,国家不得征收任何捐税,私人也不得被要求缴纳税款。这可以看作是一种形式意义的税收法定,包括在税收立法层面的税收要素法定主义、税收要素明确主义,以及在税收执法层面的合法性原则。形式意义的税收法定重在有法可依,对于税法的实体内容是否符合某些实质性标准在所不问。而实质意义的税收法定对税法的实体内容提出要求,包含禁止在税收立法中滥用权力,税收立法中应当体现税收公平原则、量能课税原则与保障生存权原则等内容,[①]赋予税收法定主义的实质意义。尽管税收法定主义在税收法制相对完善的国家和地区被奉为支撑税法的至关重要的原理,但也有学者认为,无论是形式意义的税收法定还是实质意义的税收法定,都是植根于对税收立法者高度理性的基本假设,它们过高地估计了税收立法者拥有预见一切问题并作出相应制度安排的能力。从现实来看,既有的税法法律秩序不断受到复杂多变的社会生活的挑战。严格的税收法定主义正出现一定妥协。[②] 例如,税收立法授权现象大量出现,行政机关代替立法机关成为决定征纳双方权利义务配置的主体;又如,税收因承担宏观调控任务的需要而使相关立法频繁变动或者在一般税制之外大量运用税收优惠、税收重课的税收特别措施,进而与税收法定主义所要求的形式上的安定性以及实质上的税负公平正义性形成一定冲突;再如,作为个人住房房产税征收的首批试点城市,重庆、上海针对本地个人住房房产税征收的依据都是地方政府制定的政府规章,税制改革本身带有明显的地方性与试错性,在个人住房房产税征收的范围、对象、计税依据、税率、应纳税额的计算等方面并无统一的标准。这些制度变迁无疑与严格的税收法定主义是相背离的,呈现出税收立法渊源的多层次性、立法调整的变动性、应税标准的多元性的弹性法定主义的特点。

---

① [日]北野弘久:《税法学原论》,陈刚译,中国检察出版社 2000 年版,第 76 页。
② 许安平:《税收法律主义及其在当代的困惑》,载《现代法学》2005 年第 3 期。

就财政调控而言，财政决策中的议会授权往往由于经济调控的复杂性和财政工具运用的频繁性而受到严重的削弱。严格意义上的预算法定也并未得到真正的遵循。事实上，一些带有应急性的财政支出方案都是在未经人大立法机关审核批准的情况下由政府直接推出的。比如2008年为应对世界金融危机对我国经济的不利影响，国务院提出实施积极的财政政策和宽松的货币政策，并决定到2010年底投资人民币4万亿元。这一庞大的公共投资计划经委员长会议同意在全国人大批准预算之前，先预拨一定比例的项目支出资金。而根据《预算法》的规定，预算支出都应当编制预算并报人大审核批准，"预拨"的做法并无法律依据，有违"先有预算后有支出，无预算不支出"的现代预算基本原则。但是宏观经济运行的复杂性与多变性，又要求政府能够适时、灵活地采取各种政策工具。那么，是延续传统的严格预算法定原则还是引入允许有一定弹性以适应现代宏观经济运行需要的预算法定原则？如何协调财政法制的安定性、稳定性与财政宏观调控的主动性、灵活性之间的紧张关系？这无疑是财政宏观调控法治化进程中不可回避的问题。

（三）财税调控方式的法律选择问题：单一抑或多元？

财税调控方式从世界各国的现实运行状态来看是多元的，但在我国的法律制度及具体操作上，首先表现为税收调控重于财政调控。近几年比较典型的税收调控案例有：2007年5月30日为抑制过度投资，促进证券市场健康、可持续发展，财政部经国务院批准首次将股票交易印花税从原来的1‰上调至3‰，税收调控的效果相当明显，上调当日即出现了股市全面大幅下跌、千家企业跌停的行情，成为政府利用税收调控经济的典型例证。2007年6月同样出于对当时经济发展局势的判断，全国人大常委会作出修改《个人所得税法》的决定，将该法第12条修改为"对储蓄存款利息所得开征、减征、停征个人所得税及其具体办法，由国务院规定"，意味着立法机关赋予国务院调整个人储蓄存款利息税的权力。国务院据此颁布《对储蓄存款利息所得征收个人所得税的实施办法》，将利息税的适用税率由原来的20%减按5%执行，以应对当时"投资增长过快，物价指数上涨对居民储蓄存款收益的影响"。2011年1月重庆、上海开征个人住房房产税，以地方试点的方式为全国性的房地产市场调控寻求出路。相比而言，我国在财政调控领域，不仅实践中未充分重视运用财政手段进行宏观调控，在财政调控的范围、规模、频率、效果等方面与市场经济发达国家相比存在明显差距，而且在法制建设上，财政法律制度较之税收法律制度也有明显不足。

其次,在税收政策内部的选择上,所得税、财产税重于流转税。依据征税对象的不同,可将税收划分为所得税、流转税、财产税和行为税。除了对特定行为征税的行为税在现代税法体系中已经逐渐减少之外,其他三种税收都具有重要地位。从作为宏观调控的政策工具,影响社会总需求与总供给的角度而言,所得税与财产税的作用强于流转税。所得税,以所得为征税对象。"所得"是一个宽泛的概念,包括总的收益与纯的收益,经济收益与其他收益,经常性的收益与偶然性的收益,合法收益与非法收益。从各国所得税立法来看,作为课税对象的"所得"通常是指纯收益或者净收入、经济收益、经常性的收益、合法收益,但亦不排除例外情形。学界一般认为只要该利益增加了纳税人的税负能力,达到课税标准,就进入税法的调整范围,因而所得税对纳税人收入状况的影响是非常直接而广泛的,国家通过设定并调整所得税的征收范围、税率、计税标准等可以调节纳税人之间的税负水平,进而影响纳税人的收入状况,改变其支付能力与行为预期,最终平衡社会供求关系,达到宏观调控的既定目标。财产税主要针对某些价额较高、对国民经济影响较大的个别财产,如不动产或特定动产。财产税是对仅依"所得"来衡量纳税人税负能力之不足的有力补充。因为仅依"所得"来衡量其税负能力往往面临制度上和实践上的限制,比如某些大企业或高额所得者的税负能力并不完全体现在其"所得"上,所以为体现税负公平的基本要义,有必要"导入一定的财产税作为所得税等的补充"。① 同时,财产税是就特定财产,如土地、资源、房产等课税,而这些财产对于维系整个国民经济健康可持续发展具有重要地位。因此,财产税的课征对实施宏观调控将会发挥不可替代的作用。相比而言,流转税更加符合税收中性原则的要求,它是一种针对商品流通、转让过程中产生的价值额以及对所提供的特定劳务进行征税的税种,尤其是其中的增值税具有多环节、连续、普遍征收的特点,不会产生因宏观调控而形成不同纳税主体之间税负差别的问题,有利于企业公平竞争,促进资源优化配置。因此,以增值税为代表的流转税是体现市场自由经济特点的税种,与税收宏观调控背景下通过税收优惠或税收重课的特别措施进行利益诱导的其他税种在功能定位上具有明显差异,由此也决定了在宏观调控工具选择上,流转税并不是重点。但应当注意的是,增值税税基宽窄的设置对于引导固定资产投资,进而对宏观经济运行都将产生直

---

① [日]北野弘久:《税法学原论》,陈刚等译,中国检察出版社2000年版,第32页。

接的影响。比如,设置税基较宽的生产型增值税,由于购入的固定资产所含税额不允许抵扣,因而这种类型的增值税可以起到控制投资规模的作用;设置税基较窄的消费型增值税,由于购入的固定资产所含税额允许一次性抵扣,因而这种类型的增值税有利于鼓励投资。这就意味着,国家实施宏观调控也可以采用不影响纳税人税负公平的增值税来实现。

最后,在财政政策的内部选择上,转移性支出重于购买性支出。转移性支出作为国民收入再分配的一种方式,对资金接受者一方收入的影响非常直接,在宏观经济运行中,具有将社会总需求维持在一定水平、刺激经济发展的作用。但这类支出往往具有较强的刚性,对于一国财政的汲取能力有较高的要求。在财政资源有限而又缺乏充分补偿机制的情况下,转移性支出容易导致财政赤字不断累积,从而加剧财政风险。购买性支出则可以弥补转移性支出存在的局限,通过设定采购的领域、方向、规模、时机、对象等体现政府扶持一定产业、行业的政策性意图,实现宏观调控的目标。目前,我国对运用购买性支出进行宏观调控还缺乏足够的重视,相关制度的不健全也制约了政府采购在宏观调控中的作用。

四、实现财税调控法治化的对策建议

(一)重构财税调控的功能定位

实现财税调控法治化,应当首先对财政税收在宏观调控中的功能进行重新定位,以财政调控功能为主、税收调控功能为辅建立并完善财税调控法律体系,即一方面,充分重视国债、转移支付、政府采购、公共投资、税收支出等财政调控工具在实施宏观调控中的重要功能,重新审视现有立法及实践在规范与运用上述调控工具的过程中存在的各种问题,进而寻求将财政法制与宏观调控法制对接的有效途径。放松对财政法定主义的严格要求,从依赖于议会授权转变为借助加强财政调控中的民主参与、绩效评估及问责来保障财政权力的正当性。另一方面,面对宏观调控附加于税收及其相关法制上的重荷,必须承认因宏观调控而作出的某些税制安排在一定程度上改变了税法的形式与实质,但这种改变并不意味着税法应当完全沦为政策的工具而丧失其作为法的自主地位,也不意味着应当完全排斥与宏观调控之间形成的现实联系而保持其绝对的中性立场。妥适的态度首先是对税法上大量用作宏观调控工具的各种税收特别措施（包括税收优惠与税收重课）进行全面清理，加强制度规范，尤其是将容易被滥用导致税收流失的税收优惠措施作为税收支出看待，一并纳入预算管理控制，增强税收调控的刚性约束。应当指出的是，鉴于税收优惠在实践中已经出现诸如破坏公平竞争、缺乏有效制约等问题，国务院近期出台《关于清理规范税收等优惠政策的通知》，明确规定"坚持税收法定原则，除依据专门税收法律法规和《中华人民共和国民族区域自治法》规定的税政管理权限外，各地区一律不得自行制定税收优惠政策；未经国务院批准，各部门起草其他法律、法规、规章、发展规划和区域政策都不得规定具体税收优惠政策"，从而将税收优惠纳入明确的规制范畴。该文件通过统一税收优惠立法权限，强化落实税收法定基本原则，以克服目前税收优惠政出多门、政策内容过于分散甚至相互冲突的弊端，有利于建立统一、公平、规范的税收优惠体系，其立法方向及规制措施值得肯定。在夯实税收优惠合法性的基础上，有必要引入税收支出概念，通过建立税收支出法律体系，形成与一般财政支出并行不悖的税收支出预算管理、绩效评估、信息公开、问责退出机制，强化对税收优惠实施过程的动态监督。其次，重视流转税这种传统上的中性税种在宏观调控中的作用，其有助于调节社会投资规模进而影响供求关系，同时不会对税制本身产生过大的冲击。再次，对已经作为宏观调控工具的各种税收应当加强其立法与实施过程中的民主参与，以形成对税收调控的监督与制约。

（二）完善财税调控的法律体系

1. 完善财政调控法律体系

对财政调控的各种工具应当纳入法制轨道，完善相关制度。针对国债，应当尽快出台《国债法》，对国债发行、使用、流通、债务本息偿还、国债市场监管体制等实体及程序问题进行全面详细的规定，赋予财政部在选择国债发行方式与债券形式，组织承销活动，确定发行价格、利率及付息方式等具体债务管理方面的权限，使之能够根据市场和预算资金周转情况，在人大通过的举债规模内灵活相机抉择，同时规范国债市场参与者的行为，达到既能保护投资者的合法权益，又能确保国债作为宏观调控工具的目的。针对转移支付，应当进一步完善中央对地方的过渡期转移支付制度与一般性转移支付制度，严格规范专项转移支付行为，探索建立并完善省级以下转移支付制度，使之发挥财政宏观调控尤其是在实现区域经济协调发展目标中的重要作用。针对政府采购，应当在充分认识政府采购实现宏观调控功能的重要性与必要性基础上，完善政府采购法律制度，并出台相关配套法律、法规，细化政府采购的方式和程序，以增强通过政府采购实现政策意图的可行性与可操作性。针对公共投资，应制定一部专门的公共投资法，对包括投资项目决策、设计、施工和投资效益评价在内的投资建设的全过程进行规制，对投资基本原则、投资主体及其投资权限、投资管理主体及其权限、投资决策体制、投资程序、投资监督体制、法律责任等作出规定。针对税收支出，作为一种跟直接财政支出相并列的特殊财政支出方式，之所以不将其简单视为税收优惠或税收减免，原因就在于要将这种税收特别措施纳入预算管理范畴。应当确立税收支出预算控制的范围，规定税收支出项目鉴别的标准，完善预算控制税收支出的具体方式和程序。

2. 完善税收调控法律体系

在确定税收调控的功能定位的基础上，首先保持既有税法的稳定性，同时依据《立法法》关于税种的设立、税率的确定及税收征收管理等税收基本制度只能制定法律的要求，全面清理规范实践中以宏观调控名义制定、实施的各类税收政策，对不符合《立法法》规定的税收调控措施应当停止实施；在基于经济社会发展需要而修订税法时，应当尽量提升其立法层次，并由全国人大对国务院实施的税收宏观调控行为进行明确授权；对于明显带有试错性的税制改革，应当加强改革成效的评估，并提供公众参与的有效途径；加快以增值税为代表的流转税的立法修订，拓宽税收调控工具的选择范围；进一步完善所得税、财产税制度，着力构建税收征管配套法制，比如房产税征管中的个人住房信息体系、房产评估体系等。

3. 完善财税调控机制协调运行的法律体系

财税调控机制是多元的，应当完善保障财税调控机制协调运行的法律体系：一是建立税收支出与财政收入的协调机制，使税收支出的规模控制在国家财政承受的能力范围内；二是建立税收支出与直接支出的协调机制，避免税收支出与直接支出的功能重叠，促进财政收支平衡，建立符合经济稳定与增长目标所需要的财政收支对比关系。

（三）夯实财税调控的正当性根基

财税调控的正当性主要不是看它是否合乎法律规定，而是看该决策是否合乎受其影响的公众对公平、正义的价值判断。公众参与是将这种主观偏好反映在决策过程中并影响决策的结果的基本方式。公众参与的最终目的是对政府管理制度作基础性重构,使所有人可以进入并且影响政府管理,从而增进政府管理的正当性或可接受性。在传统意义上,判断行政决策正当性的标准有两种理论,分别是"传送带理论"和"专家理性理论"。前者认为行政决策的正当性来源于议会机关的授权,通过授权将民主代议机关的正当性"传送"给行政机关;后者认为行政决策的正当性来源于专家拥有的技术理性,只有拥有大量信息和专业知识的行政机关才能胜任日益复杂的规制任务。这两种理论都排斥了公众参与,而事实证明它们均不具有充分的解释力。依赖于通往议会机关的"传送带"的决策模式与行政运行的实际状态并不吻合,议会机关对行政机关的授权可能是宽泛、模糊的,甚至无力或来不及提供任何规制标准,[1]行政机关常常充当自己的立法者进行自我"授权",尤其是面对复杂多变的经济社会形势,规制的范围、力度、手段等专业问题更成为自由裁量的当然对象;但是这并不意味着信奉专家理性就可以确保决策为公众接受,在尚待确定价值偏好和目标选择的现实情境中,更擅长在目标既定条件下做价值无涉的手段选择与技术分析的专家恰恰可能无用武之地。

"传送带理论"和"专家理性理论"也一度成为指导财政税收决策的法宝:预算法定原则、税收法定主义、财政宪政主义等都试图在立法机关与政府部门之间建立"传送带";而历来习惯于运用高度抽象化的投票模型解释财政税收决策过程、运用成本—收益分析评价财政支出效果的财政理论则为彰显专家理性提供了最好注脚。尽管这些"主义"、"原则"、"模型"或"分析"是必要且必须的,但正如前述,严格意义上的"传送带"事实上是断裂的,相对于一般的行政决策,财政税收决策中的议会授权由于所承担的宏观经济调控任务的复杂性和财税工具运用的频繁性而受到更严重的削弱;同时财政税收活动所包含的更为强烈的政治意味使得完全排斥公众参与、适用专家理性也并非妥当。

公众参与在一定程度上可以缓解因"传送带"断裂而引发的对财政税收决策正当性的质疑压力,即通过提升财政税收决策的民主化程度和透明度来减弱对寻求正式议会授权的依赖。在一些推行参与式预算的国家,其议会机关对预算的"决策"已经下降到一种形式意义上的"通过"而不会改变预算的实质

---

[1] 王锡锌、章永乐:《专家、大众与知识的运用——行政规则制定过程中的一个分析框》,载《中国社会科学》2003 年第 3 期。

内容。无论公众、议会在预算决策中地位的变化会带来怎样的争议,这一事例足以表明,传统的"传送带理论"的确受到严峻的挑战。公众参与还可以为财政税收决策提供不可替代的、个体化的价值判断和决策的信息基础。他们对自己利益的理解、对价值问题的关怀乃至对人生困境的感受都是达成正当决策所不得不认真对待的一种特殊"知识"。[①] 这种知识与专家所拥有的逻辑推理、经济分析知识具有同等重要的地位,尤其对于那些在专家的理性分析框架下难以获得公平的资源分享的弱势群体而言,参与决策过程无疑是消除社会排斥、实现社会公正的有效途径。

---

① 王锡锌:《公共决策中的大众、专家与政府——以中国价格决策听证制度为个案》,载《中外法学》2006年第6期。

Essays on the Hot Issues of Finance Legalization under the Background of the Modernization of State Governance

第七章
迈向国家治理时代的预算法治完善研究
——兼评新修订的《中华人民共和国预算法》[①]

自20世纪90年代以来,治理理论作为一种在全球范围内广受关注的政治理论,其影响力不仅表现在学界对传统的公共管理模式开始采取反思乃至质疑的态度,而且反映到实践中,治理已经成为启动新公共管理运动、促进政府角色重塑的直接动力。在这场旨在缩减政府规模、提升机构效率及降低服务成本的治理运动中,财政预算领域的改革显得尤为关键。这是因为一方面,从现实背景考察,财政压力构成重塑政府的重要动因,治理改革迫切需要解决的焦点问题之一便是如何以更低的成本为社会提供更高质量的公共服务,因此有必要对支撑整个公共服务供给体系的财政预算制度进行修订或者重构;另一方面,从一般的政府运作过程来看,政府的各项活动都直接或间接地与资源分配有关,政府的预算能力,也就是有效且负责地筹集和使用财政资金的能力越强,表明其治理水平越高。"因此,改变国家取钱、分钱和用钱的方式,就能在很大程度上改变国家做事的方式,改变国家的治理制度。"[②]这种经由财政预算制度的转型实现国家治理转型的路径选择正是我国当前"推进国家治理体系和治理能力现代化"改革的生动写照。其中的一个标志性成果便是《中华人民共和国预算法》(以下简称《预算法》)在实施二十年,形成三份修订意见稿,历经四次人大审议之后于2014年8月终获通过。新修订的《预算法》在过去广受诟病的预算非全面性、非公开性、弱预算约束等方面获得重大突破,预算的规范性得到显著强化。然而纵观整个法律文本,其纠错性和矫正性胜于对治理转型的引领,如何处理治理与预算的关系将是《预算法》未来发展不可回避的重要课题。

---

① 本章内容经部分修改在《法制与社会发展》2015年第2期发表。
② 王绍光、马骏:《走向"预算国家":财政转型与国家建设》,载马骏、谭君久、王浦劬主编:《走向"预算国家":治理、民主和改革》,中央编译出版社2011年版,第5页。

一、治理观点及其蕴含的预算改革要求

"治理"的本义是控制、引导和操纵,长期以来与"统治"一词混用,主要被用于与国家的公共事务相关的管理活动和政治活动。直到 20 世纪 90 年代以来,西方学者才开始赋予其新的内涵,不仅将它与"统治"概念明确区分开来,而且把社会经济领域中各种非政府的、非正式的、只要由共同目标支持的机制也称为治理。当然,治理的政治蕴意仍是其核心所在。对治理理论作进一步解析,不难发现主要有两类观点:一类是解构型观点,它侧重于对传统管理机制进行批判与反思,如认为治理是一种反传统权威与单一权力中心主义的运作格局;治理意味着打破原来泾渭分明的公私界限,双方责任存在模糊性;治理的方式不限于政府的发号施令或者其他强制性手段;治理的过程不在于迫使人们接受某种正式制度和规则,而在于冲突各方进行利益协调并且持续互动。另一类是建构型观点,强调治理不是责任的转移或者弱化,而是通过市场机制的引入与企业管理技术的模拟,实现资源的转移与相应服务的产出,主张建立"掌舵而非划桨"的"企业家政府"。解构型治理观直接影响的是传统的政府权力行使方式,建构型治理观则更为深层次地触及权力的实质内容与支撑权力行使的公共资源分配问题,因而也成为推动西方国家财政预算改革的主要理论支撑。受此影响,财政预算改革的目标指向主要体现在四个方面:

1. 支出控制

治理背景下的政府角色是在保持适度规模前提下提供社会需要的公共产品或公共服务。反映在财政预算层面,即是在控制财政支出与满足社会需求之间找到平衡。这是治理背景下财政预算改革面临的首要问题。事实上,支出控制作为一项基本的预算原则早在 20 世纪初各国建立公共预算法律制度时便已经确立并被严格遵循,如要求将所有财政支出全部纳入预算控制范围,确保政府的财政支出在未来一定时期内与预算保持一致,在财政年度内财政支出不能明显超过收入等,甚至可以说预算本身就是控制支出增长的产物。然而,伴随着公共政策观念的变迁以及伴随而来的福利国家的兴起,财政支出尤其是法定支出①部分的增长开始不受预算控制;同时,管理主义的渗透以及预算编制技术的日益复杂,亦使得传统上掌握预算审议权的议会难以实质性地改变资源的分配;此外,经济危机、突发事件乃至战争的刺激,也在不同程度上导致预算安排频繁变动甚至在预算外调度公共资源。总之,现实的发展不断冲击支出控制的传统原则。进入20世纪60年代后财政支出大幅增长,随即产生了预算赤字、政府债务、财政风险、税负压力等问题,对社会整体经济的持续发展产生消极影响。而治理所要求的是既不放弃公共服务责任,同时又必须考虑现实的财政约束。合理的选择就是"用更少的钱做更多的事"、"确保纳税人获得与其纳税值相当的服务"。② 为此,预算改革的具体措施是:(1)建立新增支出的收入补偿机制,确保收支的动态平衡。如美国《1990年预算执行法》规定联邦政府预算案中的赤字上限可以上调,条件是因增支或减收引起的赤字必须通过增收(开辟新的收入来源)或减支(减少其他开支)的办法——现收现付制——得到弥补。(2)建立预算成本审查机制,对所有影响预算的行动(包括法律法规和公共政策)进行成本审查。如加拿大、澳大利亚政府成立专门委员会评估、审查支出项目的效果并有权决定改动甚至取消一个明显低效率的项目;美国在参众两院分别设置了常设的预算委员会,负责审查社会保障支出和公债等项目,其作出的决定将作为国会各具体委员会拨款的依据。(3)建立财务报告机制,主要用于控制那些容易游离于预算管理之外的支出。如政府债务尤其是以政府担保为形式的或有负债,以及作为财政政策工具看待的税式支出,通过制定专门的财务报告并与其他公共预算开支一并提交议会审议,实现对其的控制。如在美国、法国提交议会审议的预算中就包括一个税式支出报告,以便在预算决策时充分考虑其对预算收支的影响,并在税式支出和直接支出之间进行权衡。③

2. 结果导向

治理要求的政府运作过程能够不断对公共服务对象作出反馈并及时调整公共管理政策。反映在财政预算层面,就是将资金的分配与资金的使用效果

---

① 由法律法规乃至一定规范性文件授权进行的支出,不受年度预算拨款程序的限制,在预算中体现为预期支付或者强制性支付。

② 深圳市财政局:《澳大利亚财政制度及其改革》,深圳市海天出版社2002年版,第247页。

③ 马骏、赵早早:《公共预算:比较研究》,中央编译出版社2011年版,第61页。

联系起来,使产出和结果影响甚至决定预算分配。传统的预算分配完全依据政府功能或者费用性质进行,通过分项列支方式详细说明资金的流向。其关注的重心在于预算投入,控制的目的是确保预算拨款按照预先规定的方式、数目和对象进行支出,因而是一种典型的投入控制型预算模式。从保证资金运转的规范性以及更重要的,形成对政府支出的约束效力而言,这种模式的建立标志着政府随意收支的"前预算时代"结束,进入产生系统控制、政府依赖议会授权而支出的"预算时代"。但是过度强调投入而忽视产出或结果极大地削弱了支出机构改善业绩的激励,出现钱越花越多,而社会问题依旧存在甚至更加严重的现象;资源分配与社会需求明显脱节,在一些领域,资源大量浪费,而在另一些领域,投入严重不足;此外,为维持稳定的预算额度,到年底"消化预算"、"突击花钱"的现象屡见不鲜。显然,投入控制型预算模式就其社会效果而言偏离了预算治理目标。治理不仅意味着行为的规范,亦要求行为的有效。基于此,从投入控制型预算模式转变为结果导向型预算模式,成为预算改革的又一个方向。其具体举措便是建立绩效预算机制。如美国制定《政府绩效与成果法》,要求各个部门在为项目进行辩护和要求拨款时必须明确产出和结果并对它们进行测量;美国另一部法律《联邦职业培训合伙法》规定"主持培训的人的报酬,不是根据登记的参加职业培训的人数,而是根据受训的人得到就业的人数来计算";新西兰《公共财政法》明确规定以产出和结果为基础编制预算。当然,强调结果导向并不意味着放弃投入控制。传统的分项列支的预算分配方式仍然在实行预算改革的国家中存续甚至在不少国家中保持着主导地位,在这些国家,资源分配保持着固有的年度性(每年重复)、渐进性(在上年基数上进行边际调整)的特征,而绩效预算的影响更多体现在将绩效评估纳入预算管理过程并确保绩效信息的适时披露上。

3. 公私合作

治理所倡导的政府运作方式体现为公私主体间的合作与协商。反映在财政预算层面就是私营部门或者社会组织介入公共预算过程,使财政支出方式呈现市场化的发展趋势;与此同时,社会公众在预算决策、执行中获得更多参与机会,预算的开放性与民主性有所增强。长期以来,公共预算都是以公共权力主体——政府、议会为中心的资源分配行动,由其分别完成预算编制与预算审议,形成具有法律约束力的预算案作为财政收支的基本依据。然后按照预算的安排向各政府机构拨付资金以满足职能履行的需要。最终预算执行的结果便是向社会提供各种公共产品和公共服务。然而,伴随着公共服务供给的市场化,私营部门及其他社会组织作为公共服务的承接主体开始分担部分政府职责,并获得与其服务成本相匹配的财政资金。由于市场机制的引入,公共预算不再是一种局限于政府部门间的资金流转活动,而是一种涉及政府部门与承接者之间的、财政支出与服务递送双向互动的过程,支出方式具有明显的对价性。在这一过程中,公众的地位也从被动的公共服务接受者转变为更为积极的公共服务评判者乃至挑选者。例如在教育、培训、食品、住房等领域推行的凭单制,社会公众可以将附有金额的凭单(相当于有价证券)用于支付服务费用,由此实现了公共服务供给的市场化与公众自由选择服务对象的结合。当然,市场化的财政支出过程也带来了预算规制的难题。例如政府购买公共服务的资金常常在预算外循环,破坏了预算的完整性要求;对承接者的服务质量难以测定,"质量与预算产出之间的关系远比所发现的模糊";[1]支出过程还可能面临额外的成本增加,降低市场化的效率优势,甚至出现服务中断,损害公众的基本权益。基于公私合作的治理背景,预算改革的第三个方向便是将财政支出的市场化纳入预算规制范围。具体包括强化公私部门的服务成本核算,健全会计核算机制;将财政支出与服务供给有机衔接,建立资金支持与服务递送动态关联的资金拨付机制;控制公共服务购买的财政风险,结合资金给付与项目进展的动态过程建立财政风险预警及控制机制;强化公众在财政支出中的法律地位,建立公众参与预算机制。其中涉及服务成本核算及控制方面的改革最为典型,新西兰的《公共财政条例》、英国的《财政管理改革方案》以及澳大利亚的《财政管理改进计划》都重点关注了服务成本的核算问题,要求在政府内部建立与提供服务有关的"成本中心",以便更为准确地量化每个服务项目的成本。[2]

4. 预算弹性

治理所衍生的政府权力配置模式偏重授权而非限权。反映在财政预算层面,体现为一种分权激励的基本格局,预算的执行过程更加具有弹性。预算作为一种依据对将来情形的预估而作出的财政计划,本身可能因各种外部因素,如经济形势的改变、公众关注问题的转移等,导致无法完全按照通过时的方案

---

[1] [美]梅耶斯:《公共预算经典(第一卷)——面向绩效的新发展》,苟燕楠、董静译,上海财经大学出版社 2005 年版,第 84 页。

[2] [美]彼得斯:《政府未来的治理模式》,吴爱明、夏宏图译,中国人民大学出版社 2001 年版,第 45 页。

执行,因此"在预算年度内对预算案所做的某种程度的变通和改变,可能是必要的和合乎需要的"。① 但是在立法及实践中,授予预算执行裁量权的情形限于"必要的小变动或技术性的改动"并受到严格监督;而且从对预算性质的理解来看,主流观点认为预算的法律性质比计划性质更能体现其本质特征,因此,应当强调预算对执行机关的法律拘束。② 而在治理背景下,预算执行的自由度和灵活性更大,这不仅仅是外部因素使然,而且是预算权力重新配置的结果。如在实行绩效预算改革的国家,资金使用自由赋予了各个支出部门及其管理者,他们"可以像商业部门的经理那样灵活地、创造地根据环境的变化使用资金……甚至可以将预算结余的一定比例用于奖励组织成员",并且"在进行支出前不需要获得一个外部机构的同意,支出机构自己就是支出或者预算交易合法性或恰当性的决定者"。③ 当然,这种分权激励式的预算模式也是有限度的,表现在预算法上设置了与分权相匹配的问责机制,以及用于宏观引导的跨年度预算平衡机制。前者的内容是运用绩效信息对管理者进行绩效问责,也就是说,资金运用的弹性受结果束缚,如果结果目标不能实现,他们不仅需要承担管理责任,而且下一年度的预算规模将被削减;后者是指允许跨年度经费授权以及将年度预算结余用于新项目开支,但是在中长期预算执行中必须实现平衡。

整体而言,西方国家在支出控制方面建立了较为完整的制度体系,既包括对外部增支需求的抑制(收入补偿与成本审查),亦包括自内向外旨在降低公共服务成本的改革举措(结果导向、公私合作、预算弹性)。基于此,上述四方面的财政预算改革措施实际上可以归并为一点,即公共支出增长的控制。同时,还应当注意的是,这种借助财政预算实现治理转型的方式已经不局限于解决规范性问题,也就是要求政府支出按照议会通过的预算规范执行,还对政府支出的有效性提出了要求,换言之,预算治理呈现出以规范性为中心向以有效性为中心转变的发展趋势。

---

① [美]爱伦·鲁宾:《公共预算中的政治:收入与支出,借贷与平衡》,叶娟丽、马骏译,中国人民大学出版社2001年版,第250页。
② 蔡茂寅:《预算法之原理》,元照出版有限公司2008年版,第24~26页。
③ 马骏:《中国公共预算改革:理性化与民主化》,中央编译出版社2005年版,第133~134页。

二、新修订《预算法》的整体评价:以实现规范治理为中心

反观我国的预算法治化进程,尤其是以基本法——《预算法》及其几次修订意见稿为蓝本进行审视,不难发现其核心关注的是规范性问题。2014年8月31日历经四审的《中华人民共和国预算法草案》终获人大通过。尽管在个别条款设计上反映了十八届三中全会《决定》中涉及财政预算制度的改革精神以及域外法治改革的有益经验,使其在治理观念上与前几稿相比有些许差异,但是都不足以影响《预算法》修订启动至今所确立的基本指导思想,即建立"全面规范、公开透明的预算制度",实现对政府收支行为的规范治理。

(一)《预算法》实现规范治理的制度安排

一是立法宗旨从"强化预算的分配和监督职能,健全国家对预算的管理,加强国家宏观调控"转变为"规范政府收支行为,强化预算约束,加强对预算的管理和监督"。这一表述弱化了预算作为政策调节工具的色彩,使其回归控权的本质属性。新法的立法宗旨改变了将《预算法》简单视为公共资源分配之法或者公共资源管理之法的观念,注重用预算约束政府行为而不是由政府任意支配预算,这是开启预算规范治理的重要标志。

二是明确规定"政府全部的收入和支出都应当纳入预算",在立法层面上正式建立"全口径预算"。修订前的《预算法》饱受诟病之处就是并非将政府全部收入和支出纳入预算范围,该法第29条规定:"按照规定必须列入预算的收入,不得隐瞒、少列,也不得将上年的非正常收入作为编制预算收入的依据。"这就隐含了部分属于非按照规定必须列入预算的收入可以不受《预算法》的调整,从而间接承认了预算外征收的正当性,与实现预算规范治理所要求的全面性原则相背离。修订后的《预算法》第36条针对原法的漏洞作出新的规定,"各级政府、各部门、各单位应当依照本法规定,将所有政府收入全部列入预算,不得隐瞒、少列",从而使收入层面的预算管理具有正式的法律依据。而在支出层面,修订前的《预算法》对支出与预算的关系——支出是否需要预算依据、预算是否对支出具有约束力并无明确规定,修订后的《预算法》第13条规定,"经人民代表大会批准的预算,非经法定程序,不得调整。各级政府、各部

门、各单位的支出必须以经批准的预算为依据,未列入预算的不得支出",由此确立了"先预算,后支出"的基本预算原则。应当肯定的是,对预算外资金的规制从修订前"加强管理"、"国务院另行规定",到财政部颁布规定,部分地将预算外收入纳入预算管理,再到新法全面取消预算外资金,这些变化显示出立法者强化预算约束的用意;同时,修订后的《预算法》在一般公共预算之外,针对具有特定收入来源以及支出用途的资金分别建立政府性基金预算、国有资本经营预算、社会保险基金预算,并在预算审批、监督方面采取一体化的制度策略,使这些事实上存在的"预算外资金"也被纳入预算约束范围;此外,长期用于核算预算外资金的"财政专户"问题也得到一定清理。

三是形成公开透明的预算运行机制,提升财政运行透明度。确保预算的公开透明性是预算规范治理的重要内容,它涉及信息实体内容、信息传递过程以及信息授受主体三方面的要求,即信息内容上须完整、具体、可理解;信息传递上须及时、易得;信息给予方与接收方须明确并具备畅通的反馈或提出异议渠道。修订后的《预算法》基本达到上述要求:首先,《预算法》开宗明义地规定"建立公开、透明的预算制度",这一点与加强预算的全面性、规范性处于同等重要的法律地位;其次,《预算法》第14条对预算公开的内容、时间及主体作出了明确规定,尤其是在内容方面,首次将预决算报告之外承载更详尽预算信息的工具——财务报表作为公开对象,并对社会普遍关注的财政转移支付、政府债务、运行经费及政府采购情况纳入重点说明的事项范围;再次,《预算法》第89条规定"对预算执行和其他财政收支的审计工作报告应当向社会公开",从法律层面强化了预算审计公开的拘束力;最后,与前述义务性规定相适应,《预算法》第92条新设了预算公开的问责条款。

四是完善人大预算监督机制,强化人大预算权威。对政府收支是否存在强有力的外部政治控制,即立法机关的约束,是判断预算规范治理是否实现及其实现程度的基本标准。一方面,预算只有经立法机关的批准才能成为具有约束力的法案,并进而控制政府各项收支行动,换言之,经批准的预算相当于立法机关的授权书,是政府行为的逻辑起点与效力源泉,反之,如果缺少立法机关的授权,就无法形成有约束力的预算,更谈不上依赖预算进行规范治理;另一方面,立法机关的外部控制代表的是一种公共责任,即代表社会公众对行政机关进行问责,著名的预算学者凯顿曾以是否存在公共责任为标准,将那些缺乏外部政治控制的预算模式称为"前预算时代",将那些通过预算过程实现政治问责的预算模式称为"预算时代"。① 由此可见,立法机关在预算治理中扮演着极其重要的角色。在我国《预算法》修订中各界普遍存在的呼声就是要求加强人大在预算编制、审批及执行等环节中的法律地位,但是先期公布的几份修订意见稿对此问题的规定都不尽如人意。新修订的《预算法》在总结实践经验、反映社会共识的基础上对各级人大在预算草案审查、预算调整控制、地方债务管理中的职权作出了明确规定,同时为配合人大审查的需要,对预算分类体系进行了调整,为实现预算规范治理迈出了坚实的步伐。

五是建立财政转移支付和地方债的规范运作机制,为厘清政府间财政关系提供法律依据。实现预算规范治理不仅有赖于在政府与人大间进行横向的财政权配置,而且需要解决政府间纵向的财政关系问题,尤其是为承担主要事权的地方政府提供规范的财力支持与融资保障。而建立财政转移支付与地方债规范运作制度的主要目即在于此。在长期的实践中,一方面,财政转移支付缺乏正式法律依据,其运作的标准、方式、内容、程序等大都依据财政部发布的规范性文件或者政府规章进行,甚至以一事一议、讨价还价的方式决定是否补助以及补助的金额,这不仅固化了政府间行政性而非规范性的调节机制,妨碍了对政府间事权的清晰划分,而且容易对地方政府的非理性行动产生变相激励,放大财政风险;另一方面,由于一直缺乏相关法律和国务院的明确规定,地方债在原《预算法》框架下处于事实上禁止的状态,但实践中通过中央财政发行国债再转贷地方政府、财政部代发地方债以及更为普遍的通过地方投融资平台公司变相发债等方式使得地方债的发行已经绕开了合法性缺失的障碍,并且在有关举债规模、资金用途、偿债管理、风险评估等问题上对既有的法制体系提出了挑战。从新修订的《预算法》看,财政转移支付与地方债问题都不同程度地实现了规范化。《预算法》新增第16条对财政转移支付的目标、分类以及专项财政转移支付的评估、退出、资金配套义务的限制等作出了具体规定;第35条对举债规模、举债程序、资金用途、债务偿还、风险预警、应急处置以及责任追究作出全面规定,从而在一定程度上实现了政府间财政关系的规范治理。

(二)《预算法》实现有效治理的制度局限

《预算法》除了针对政府财政行为的规范性问题作出一系列制度安排之

---

① 马骏、赵早早:《公共预算:比较研究》,中央编译出版社2011年版,第6~7页。

外,还结合十八届三中全会《决定》中有关财政预算制度改革的宏观要求与国际预算法治的发展趋势,提供了旨在实现有效治理的原则性规定,如绩效预算、预算赤字、跨年度预算平衡等。涉及规范治理与有效治理的两部分内容,无论是在权力配置——控权/授权上,抑或是在运行机制——约束性/灵活性上都具有较大差异,甚至截然相反。如在规范治理中的年度性原则、平衡性原则与有效治理中的跨年度预算平衡原则对于是否必须实现年度收支平衡就有不同的要求。但是两部分内容在一部法律中体现出来,这就与西方国家从规范治理到有效治理的渐进性改革进路有所不同。事实上,在《预算法》修订之前,我国的预算法治化进程已经呈现出共时性、兼容性的制度变迁特点。以1994年分税制改革为界,在分税制改革之前,我国的预算法治以适度放权为重点,目的在于调动地方财政积极性,改善地方政府公共产品的供给效率;分税制改革是以对地方的财政自主权进行限制为目标重构政府间纵向财政分配关系,因而,突出了对预算支出合法性、合规性审查和监督的重要性,使得分税制框架本身更多呈现出控制取向的制度特点。此后,以《预算法》的颁布及实施为依托,我国的预算法治开始步入预算管理科学化、精细化、规范化、信息化、绩效化改革同步推进的阶段,实施了复式预算改革(1992—1995年)、部门预算改革(2000年)、政府财政信息管理系统建设(2000年)、公共收支改革(1999—2002年)、预算收支分类改革(1999—2004年)、财政绩效评价改革(1992—2011年)等多项措施,在强化合法性、合规性控制的同时,对于遏制财政资金使用中的低效率、损失浪费现象也产生了积极作用。由此观之,我国的预算法治在选择以规范治理为中心的同时,并未放弃对有效治理的追求。以此为视角分析修订后的《预算法》文本,不难发现有关有效治理的制度供给还存在较大局限。

第一,缺乏支出控制预算机制。支出控制不同于支出的规范性,后者强调支出与预算保持一致,即如果支出机构能够将事前同意的一定数量的资金用到立法机关希望并同意的科目或目的,就视为实现了支出的规范性,其侧重对预算执行者是否遵守各种预算程序与规则的监督;而前者是在预算编制之前就确立一定的支出总额并以此严格约束预算编制、执行过程,其关注重心在于事前的资源分配。一个运作良好的预算程序规则并不能确保能够获得合理的预算结果。① 典型的如"消化预算"、"突击花钱"现象便是这种规范性要求的副产品。更为严重的是,某些支出是在预算外决策和运行的,如法定支出、政策性支出与应急支出,它们都以预算之外的其他因素,如赋权性法规、公共政策以及某种突发事件作为支出依据,预算对该类支出无论是在规范形式抑或是在实质控制上均处于失效的状态。《预算法》针对法定支出问题在第 32 条第 2 款规定:"各级政府依据法定权限作出决定或者制定行政措施,凡涉及增加或者减少财政收入或者支出的,应当在预算批准前提出并在预算草案中作出相应安排。"这一规定在一定程度上实现了法定支出从预算外授权到预算内授权的转变,但是,一方面,它回避了产生法定支出的两种重要依据——与公民福利相关的法律制度以及要求财政支出与国民经济增长或财政收入增长挂钩的法律制度,后两种法律制度比政府的行政决定或者行政措施的效力位阶更高,并且因关乎个人人权保障与宏观经济政策目标,支出的刚性色彩更为明显,与此相应,预算对其的约束力就更加微弱;另一方面,"在预算批准前提出并在预算草案中作出相应安排"的规定仅仅强调了支出应当具有预算的形式依据,而并未涉及实质的总额控制。针对政策性支出,包括向金融机构提供财政担保以支持特定产业或行业获得信贷资金,或者对符合政策导向的产业、行业提供税收减免优惠(亦被称为税式支出②)等,在《预算法》上同样缺乏充分回应。除在地方债管理中附带涉及财政担保的原则性规定之外,③对于一直游离在预算之外的税式支出仍然未作出规定,因为在观念上税式支出更多被看作税收政策的调节工具而非预算控制的对象,即使需要在法律上加以规定,亦被看作属于税法而非预算法的内容。这种观念妨碍了对税式支出的预算控制。针对应急性支出,《预算法》第 54 条将"用于自然灾害等突发事件处理的支出"纳入预算先行支付的范围,即不必经过立法机关的事先审批而直接拨款;同时,依据《预算法》第 69 条的规定,超过预备费又不适用预算调整的应急性支出实际上由各级政府自行安排。这些规定都使应急性支出不受预算控制。

---

① [美]艾伦·希克:《当代公共支出管理方法》,王卫星译,经济管理出版社 2000 年版,第 7 页。

② 税式支出是指将政府本应收取的税收通过优惠减免的方式让渡给纳税人,这与将税收征缴后通过预算再拨付的支出方式在性质和作用上基本相同。

③ 《预算法》第 35 条第 4 款规定:"除法律另有规定外,地方政府及其所属部门不得为任何单位和个人的债务以任何方式提供担保。"

第二，绩效预算实施机制尚不完备。在《预算法》修订之前，关于财政绩效评估的实践已在中央及地方层面广泛展开，并且财政部、一些地方政府还围绕绩效评估的范围、内容、指标、结果应用等方面制定了具体规范。但是该类社会实践及制度供给集中关注的是政府内部的绩效管理尤其是预算执行中绩效信息的形成——绩效评估问题，而并未触及绩效管理与预算编制、人大审查、公众监督、财政问责之间的外部关系问题。绩效预算不同于绩效管理的关键就在于，它强调绩效信息在预算编制、预算审查、预算执行、预算监督各个运行环节的应用。所谓绩效预算是指以结果为导向的，追求支出经济性、效率性和有效性（即3E原则）的预算运行模式。因而财政绩效不仅仅是政府内部管理的对象，而且是贯穿预算运行过程的媒介。新修订的《预算法》在建立绩效预算而非仅仅是绩效管理法治体系的问题上较之先前的修订意见稿有较大进展。例如第32条规定，各级政府预算，各部门、各单位预算应当依据绩效评价结果、绩效目标管理编制，这是在立法中首次明确将绩效信息作为预算编制的参考因素；第49条规定，全国人大财经委员会及地方人大常委会向同级人大主席团提出的上一年度预算执行情况的审查结果报告，应当包含"对执行年度预算、改进预算管理、提高预算绩效、加强预算监督等提出意见和建议"的内容；第57条第3款规定"各级政府、各部门、各单位应当对预算支出情况开展绩效评价"；第79条规定县级以上人大常委会重点审查的本级决算草案的内容包括"支出政策实施情况和重点支出、重大投资项目资金的使用及绩效情况"。但是就实施绩效预算而言，上述规定仍不完整。主要表现在：首先，绩效目标的设定及绩效评估的展开一般是与一定的支出项目相关联的，只有当按照项目对支出进行分类并负载相应的绩效管理要素（绩效目标、绩效评估等）后才能反映资金的具体流向及其使用效果，而《预算法》所提供的预算支出分类依据只有"功能"与"经济性质"，[①]并不包括项目，这就直接制约了绩效信息的质量；其次，绩效信息形成后并不仅仅是在政府及立法机关间流动，还应当向社会公众披露，而《预算法》关于预算公开的规定并未明确包含绩效信息方面的内容；再次，将支出绩效与财政问责联系起来是绩效预算的重要标志，两者联系的方式可以是根据绩效状况调整支出项目或者增加/减少项目预算，而《预算法》仍然延续规范治理背景下的问责机制，以是否遵循特定的规则作为问责依据，以传统的行政处分作为问责方式。

---

① 参见《预算法》第32条第4款。

第三，不能满足公私合作背景下的预算法治需求。伴随着我国政府职能的转型与公共服务供给的市场化改革，公私合作作为一种新型的公共服务供给方式已经在实践中发挥重要的作用。诸如服务外包、服务购买以及其他灵活多样的合作机制在一些经济发达城市出现，另外，一些地方政府专门制定促进政府购买公共服务的规范性文件。十八届三中全会《决定》亦在宏观政策层面鼓励推广政府购买。然而与这种积极推进在行政管理领域的改革形成较大反差的，是对公私合作的财政属性及其引发的预算法治问题缺乏应有的重视。公私合作提供公共服务也就是从政府直接提供公共服务转变为交给其他社会力量完成并根据其提供服务的数量和质量支付费用的过程，它实际上是一种财政支出活动，涉及预算编制、预算执行、预算监督等一系列预算管理活动。与传统的财政资金运转过程相比，它具有自身的特点。以政府购买公共服务为例，其特性表现在：参与主体的公私交融性（资金流转发生在公共服务购买者与公共服务承接者之间）、支付方式的对价性（一方支付财政资金换取另一方提供的公共服务）、资源利用的风险性（服务购买过程中可能产生额外成本）。这些特性对预算法治创新提出了要求。《预算法》修订前，财政部出台了《关于政府购买服务有关预算问题的通知》，就加强公共服务购买中的预算编制、预算执行、预算信息公开、预算绩效评价等问题作出了规定，但是其内容仍显笼统而原则；新修订的《预算法》对于公私合作背景下的预算法治改革缺乏足够回应，仅有一个条款涉及政府采购情况公开的规定，并且《预算法》上的"政府采购"与《政府采购法》使用的"政府采购"概念都未涵盖公共服务购买这种情况，无法适应实践发展需要。在公私合作的背景下，公共服务供给的内容、参与供给者的选择、公共服务绩效目标及绩效标准的设定等都应当听取服务接受者的意见，并将之吸纳进资源分配的过程，然而《预算法》对公众参与预算决策的途径、形式、效力等缺乏具体规定，只是在第45条就县级人大审查预算草案时组织本级人大代表听取选民和社会各界意见作出原则规定。

第四，尚未形成分权激励与约束并重的预算弹性机制。基于规范治理的立法宗旨，《预算法》对预算执行中的弹性抱有非常谨慎的态度。一方面，立法强化了人大对预算执行中出现重大变动的干预权限，第67条将预算调整的适用范围扩大至四项，第68条、第69条提供了预算执行中法定支出与应急支出变动的干预机制；另一方面，对于不属于支出总额、政府债务增加等法定重大变动的情形，立法同样严格控制其在不同预算科目、级次或者项目间的资金调剂。尽管预算执行中的弹性空间仍然可能存在，但是与有效治理所要求的预算弹性相比仍然存在差距:一是,后者体现在以实现一定绩效目标为核心的政府内部的分权激励,也就是让承担具体支出责任的行政机构(预算单位)享有更多的资金使用自由,而前者体现在人大对政府的外部授权,具体承担支出责任的机构仍然受到预算决策部门(财政部门)的较大约束;二是,后者要求提供与分权激励相匹配的问责约束机制,包括强化预算执行者的管理责任并监督服务承接者的行为,保障资金给付与服务递送保持动态一致,而前者侧重从实现宏观收支运行层面的跨年度平衡入手,要求对预算执行中的赤字进行弥补,这种约束从现有规定看更多的是基本原则的确立,并不能替代在微观层面对具体执行者的责任约束。

三、因应治理要求的预算法治变迁路径

如何因应治理趋势完善预算法治,各国做法不尽相同,但从不同侧面契合了治理的要求,如治理方式多元化、治理时限灵活性、治理主体多中心、治理依据多层次。

1. 在治理方式上,依是否设定具有强制约束力的规则为标准,可以划分为注重刚性约束与注重弹性约束两种预算法变迁进路

"治理意味着办好事情的能力并不仅限于政府的权力,不限于政府的发号施令或运用权威。在公共事务的管理中,还存在其他的管理方法和技术。"[①]基于此,治理方式包括强制性与非强制性两种。在预算法治变迁中,这两种方式都有体现。以支出控制为例,财政支出规模及政府债务水平的设定、预算赤字的监控及弥补、财政风险的评估及警示等都属于支出控制的范畴。目前大多数国家设定的支出控制目标可以根据经济境况或者政治偏好而调整,并非固定不变,亦可以每隔几年决定支出控制规则而非永久性或者必须按年度决定,因此,采取的是一种弹性约束的预算法治。如新西兰制定的《财政责任法案》将其支出控制目标确定为"实现政府负债的审慎管理"、"维持充裕的政府净值"、"财政风险的审慎管理"、"追求与稳定的预计税率相一致的支出政

---

① 俞可平:《论国家治理现代化》,中央编译出版社2014年版,第20页。

策"。① 上述目标并不产生直接的、特定的法律效果,但是要求政府对财政持续性负责,而且要求以一种透明的方式作出财政选择。② 一些国际组织则对支出控制采取了刚性约束的方式,如欧盟的《马斯特里赫特条约》将赤字严格限定在不超过国民生产总值的3%的水平上,并以此作为衡量是否批准国家加入欧盟的基本标准,但实际上,各成员国在面对国内复杂的经济社会形势时也不得不采取灵活的财政政策,这也说明在实践中贯彻刚性约束机制的困难程度。值得注意的是,刚性约束与弹性约束既可用于描述一定法律文本所呈现出的整体性或者主导性的法治风格,也可反映法律文本内部针对不同问题的规制进路。如涉及绩效预算的一个典型法治蓝本是美国的《政府绩效与结果法案》,该法对绩效预算的实体规制与信息规制便分别具有弹性约束与刚性约束的特点。绩效预算的实体规制主要针对预算与绩效的整合——绩效评估结果与预算资源分配之间的联系问题。依据该法的规定,这种整合或者说联系是非强制性,亦非单一的,"它在规定所有联邦政府部门均应服从这一法律的同时,也考虑到各政府部门的实际情况,允许他们(按照将绩效审计与绩效预算进行整合的原则)在实施绩效管理上采取不同的形式"③;绩效预算的信息规制主要针对绩效信息的形成与披露,该法规定政府部门的成本信息和预期可能取得的成果信息应当全部反映在会计账目中,政府部门有义务并及时向社会公众披露预算执行及其绩效状况。立法还要求联邦政府部门必须定期出具三种与绩效预算相关的政府文件,包括部门战略规划、部门年度绩效计划和部门年度绩效报告。这些涉及绩效信息规制的制度具有强制性特点。与此类似,我国在推进绩效预算的过程中亦将绩效信息公开作为规制重心,而对于绩效预算的施行范围、绩效与预算的关联等实体性问题则更多使用非强制性的方式加以规定。

2. 在治理时限上,以设定阶段性抑或持续性适用规则为标准,可以划分为旨在短期约束与旨在长期约束两种变迁进路

治理的重要特征在于它是"临时性解决方案","规则被视为临时性的,而

---

① [美]梅耶斯:《公共预算经典(第一卷)——面向绩效的新发展》,苟燕楠、董静译,上海财经大学出版社2005年版,第77页。
② 马骏、赵早早:《公共预算:比较研究》,中央编译出版社2011年版,第238页。
③ 张志超:《美国政府绩效预算的理论与实践》,中国财政经济出版社2006年版,第88页。

且要进行修正。这就要求愿意在不确定的条件下继续向前,还要求愿意在不排除反思解决方案与目标的情况下设计管制问题的解决方案"。① 这种临时主义的策略能够对相关情形保持回应、反馈,因而具有实用主义性质。② 在预算法治变迁的路径选择中,亦存在这种旨在短期内解决具体问题的"临时性方案",但更主要的是在一段时期的"反思"之后,建立"修正性"的抑或认可性的长期约束机制。以赤字控制为例,美国1985年颁布的《预算平衡与紧急赤字控制法》(亦称为《格兰姆-拉德曼-霍林斯法》)将削减预算赤字作为立法宗旨,明确规定未来5年时间的预算赤字上限以及年度削减额度,以最终实现在1990年完全消灭联邦政府预算赤字的目标。按照当初的立法设计,该法的适用期限是5年。而实际上到1987年迫于赤字削减的困难程度,国会对法律进行了修正,决定推迟消灭赤字的时限,同时降低1988—1989年两年的赤字削减数额。但是这种妥协仍然不起作用。1990年在原定法律执行期届满时,国会通过了《预算执行法》,改变了之前直接控制赤字限额的短期约束的做法,通过控制公共支出上限达到减少赤字的目的并形成长期、稳定约束的法律机制。新法不再局限于年度预算赤字的削减,而更加关注跨年度的预算平衡。在德国亦建立了赤字控制的长期约束机制,尽管在方式上是对政府举债规模及其比例作出明确限定,但是立法目标具有一致性,即放宽年度的赤字控制,着眼于长期的预算平衡。当然,采取长期约束机制并不一定都是对短期约束机制的矫正,相反,它可能标志着阶段性制度试错任务的结束以及对其改革成果的接纳。我国在《预算法》修订前针对地方债务的管理采取的是短期约束的方式。如2011年10月经国务院批准,上海市、广东省、浙江省、深圳市开展地方政府自行发债的试点,财政部出台《2011年地方政府自行发债试点办法》,首次将地方政府自行发债的运作机制纳入规范化的轨道。2012年5月,上海等四省市获准继续开展地方政府自行发债的试点,财政部又出台《2012年地方政府自行发债试点办法》,对新一轮的自行发债予以规范。这种短期约束机制的实行为探索地方债的阳光化、规范化提供了经验支持。在此基础上,新修订的《预算法》变短期约束机制为长期稳定的限额管理机制,实际上是在基本法

---

① [美]朱迪·弗里曼:《合作治理与新行政法》,毕洪海、陈标冲译,商务印书馆2010年版,第36页。

② [美]朱迪·弗里曼:《合作治理与新行政法》,毕洪海、陈标冲译,商务印书馆2010年版,第43~44页。

的层面上对前一阶段试点改革取得的成果给予认可与肯定。

3. 在治理主体上,以设定局部性抑或整体性适用规则为标准,可以划分为地方推动与国家主导两种预算法变迁进路

治理在主体上意味着"一系列来自政府,但又不限于政府的社会公共机构和行为者",①如某项决策的"利害关系人与受影响者",他们将有机会"参与决定过程的所有阶段……推动有效地解决问题"。② 这种基于治理主体多元化而产生的民主决策机制往往在行政层级较低、影响范围集中、与相关公众关联紧密的地方区域适用,地方政府、社会组织、相关公众围绕特定问题展开对话与协商,制定为各方共同遵循的行动规则,借此产生的是一种地方性的、自下而上的制度供给模式,相关主体成为这一制度资源的共同创设主体。预算法治变迁的一项重要成果便是为政府之外的其他社会主体提供了参与机会,从而为容纳地方性的制度创新预留空间。以参与式预算为例,它是一种由公众参与决定本地区范围内可支配公共资源的最终用处的预算决策方式。③ 作为一种体现直接民主的预算决策机制,参与式预算一般与较低的预算层级相关联,其制度变迁亦主要是由地方政府回应当地公众诉求而自发推动的结果。例如最早推行参与式预算的巴西阿雷格里市以及在我国产生广泛影响的浙江温岭市参与式预算实践,均是在市级政府及其所辖区县以下展开,所依赖的制度资源并不是具有法定约束力的正式制度,而是一些在实践中反复适用、经长期演化并逐步形成其事实约束力的内部规则(internal regulations)或者"民主恳谈"的惯例。当然,这种地方推动的制度变迁在一些国家也开始被纳入全国性立法层面。巴西新近制定的《财政责任法》规定"应该通过推动人们参与公共会议的方式,确保起草和讨论预算计划和方针的过程公开透明"。这就从国家立法的层面肯定了围绕参与方式问题进行地方性制度创新的重要性。在南美洲的其他一些国家甚至还制定了适用于国内所有市级和省级政府的《国家参与式预算法》,对公众参与预算活动进行规定。再以政府购买公共服务为例,我国的政府购买公共服务呈现出以地方政府为主体的分散实践及灵活多样的制度供给形态,在国家基本法的层面,尚未对政府购买公共服务的预算管

---

① 俞可平:《论国家治理现代化》,中央编译出版社2014年版,第19页。
② [美]朱迪·弗里曼:《合作治理与新行政法》,毕洪海、陈标冲译,商务印书馆2010年版,第35页。
③ 陈家刚:《参与式预算的理论与实践》,载《经济社会体制比较》2007年第2期。

理问题作出规定;而英国于20世纪90年代制定的《公民宪章》、《国家卫生服务与社区关怀法》则是以国家立法的形式明确要求通过与非政府部门签订契约向后者购买福利服务,提升福利供给的效率与质量。

4. 在治理依据上,以预算法是否承担财政基本法的功能为标准,可以划分为单一型与复合型两种变迁进路

单一型变迁是指预算法仅仅作为调整预算收支行为的一种具体法律规范形式,涉及政府间财政关系以及政府与议会、公民之间权责关系的问题被排除在预算法的调整范围之外,通过另行制定财政基本法或者财政收支划分法加以解决,换言之,预算法并不承担财政基本法的功能。复合型变迁是指预算法在调整预算收支之外,还承担财政基本法的功能,在一部预算法中既解决具体行为的规范性、绩效性问题,亦解决财政体制以及财政职权配置的宏观层面问题。大多数西方国家采取单一型变迁进路,主要原因是它们往往已在宪法或者专门的财政基本法中规定了财政体制及财政职权配置方面的内容,因此预算法的功能就是解决财政行为的规范性与绩效性问题。如《加拿大联邦宪法》就政府间财政关系问题规定,国会与联邦政府应当采取均衡支付原则,确保各地方政府提供水平相当的公共服务,由此在宪法上确立了均等化的财政转移支付基本制度;新西兰《财政责任法》则作为专门针对财政领域的基本法规定了财政运行的总体目标与规制原则。在这些国家,由于宪法、财政基本法已就财政体制、权限配置问题作出了规定,因此预算法的制度安排针对的是更为具体、微观的预算执行监督或者绩效管理问题。当然,如果宪法或者财政基本法的内容作出调整,预算法亦会围绕相关具体问题进行修订。如澳大利亚1997年制定了新的《财政管理及责任法》,推行结果导向的财政管理改革,为适应这一改革趋势,澳大利亚在资源管理、结转和预支、收入提留、绩效监控与评估等方面制定了具体的规则。由此可见,单一型变迁进路实际上是与相关财政法制的健全程度密切相关的,如果缺乏宪法或财政基本法的规定,那么预算法就可能承担更宏观的上位法的功能,这就是复合型的变迁进路,与我国预算法的发展历程相契合。我国《宪法》中缺乏对各级人大及其常委会在预算审批、执行监督中的权力的系统规定;国务院制定的《关于实行分税制财政管理体制的决定》虽承担政府间财政关系调整的任务,但它主要解决的是财权划分问题,并未就事权划分以及关乎政府间财力平衡的财政转移支付问题提供完整的制度框架。基于此,对财政职权横向与纵向的配置、政府间财政转移支付的法律调整任务就落在预算法上。对此,有学者认为预算法"只是一部相对具体的程序法","预算分为几级、每级预算的收支范围如何划分,这应该是财政收支划分法或者财政基本法的任务,预算法不宜越俎代庖",①但多数学者基于我国现有的财政法制体系的现状以及修订宪法或制定财政基本法的困难程度,都比较赞同在《预算法》中规定财政体制、财政转移支付等涉及政府间财政关系的内容,②并主张对人大、政府及公民间的横向财政关系作出更加系统的规定。

由上观之,国内外的预算法治呈现出强制性与非强制性、短期约束与长期约束、地方推动与国家主导相结合的制度变迁特点,稍显不同的是我国的《预算法》承担了一定的财政基本法的功能。厘清这一特点对于更好地推进治理背景下预算法治的完善具有重要的启示意义。

四、实现良好治理的法律工具
——预算法治的发展定位

诚如前述,《预算法》将重心放在规范治理上,而在有效治理方面制度供给不足。笔者认为未来预算法治的发展定位不仅应当完善规范治理,同时吸纳有效治理的制度安排,而且应当以实现良好治理为最终目标。良好治理即善治,是使公共利益最大化的社会管理过程,它的本质特征就在于政府与公民对公共生活的合作管理,凸显政治国家与市民社会的一种新颖关系。要达致善

---

① 熊伟:《财政法基本问题》,北京大学出版社2012年版,第216页。
② 存在的一点分歧是《预算法修正案草案》(第二审意见稿)曾规定各级政府间的财政管理体制由国务院具体规定,报全国人大常委会备案。支持者认为我国现阶段处于经济体制改革深化期,政府职能和行政管理体制调整仍未到位,有关财税体制的政策规定有必要适时调整,因此,采取国务院制定报人大常委会备案的做法有利于推进改革,提高效率;反对者则认为这种做法不利于人大对预算的审查监督,建议财政管理体制应当报全国人大常委会批准,至于财政体制的微调可以考虑通过控制方向或在年度预算报告中一并审批等方式进行处理。两种模式显示出在财政管理体制的立法问题上是采行政主导抑或人大主导的不同。从修订后的《预算法》规定看,立法者最终回避了模式的选择,直接延续了既有的"国家实行中央和地方分税制"的表述。即便如此,亦能从中看到《预算法》对财政管理体制问题的原则规定。此外,涉及政府间关系调整的财政转移支付问题在新修订的《预算法》中亦有充分体现。

治，需要满足的基本要素包括合法性、透明性、回应性、有效性、参与性等。①具体落实到《预算法》上，即是建立包括支出控制在内的总额控制机制实现合法性，建立绩效预算机制、预算弹性机制实现回应性与有效性，建立公私合作预算机制、公民参与预算机制实现透明性、参与性。在新一轮制度变迁中还应当将强制性与非强制性、短期约束与长期约束、地方推动与国家主导结合起来。

(一)总额控制机制

总额控制是指在中长期(一般是3～5年)预算年度内对财政支出总额、财政收入总额、财政收支差额及政府公债确定约束条件的制度安排。它的特点是在预算编制和执行之前先就中长期的预算年度自上而下设定支出目标及总额，再由各部门具体编制年度预算。因此，总额控制独立于年度预算过程，并对整个预算过程构成约束力。在预算执行中，各个支出部门应当按照总额控制要求和预算资金将本部门支出控制在预算授权范围内，不得实施导致总额被突破的行为，否则将承担相应的法律责任。这就意味着，对财政活动合法性的判断不再局限于形式上的规范性标准，还包括实质上的财政总额标准。对总额控制机制的理解应当注意以下方面：

第一，总额控制是建立在具体的预算分配规则之上的，更为宏观而抽象的法律机制，属于规则之规则，也就是财政宪法、财政基本法的范畴。但正如前述，预算法在我国承担了一定财政基本法的功能，在尚未正式启动财政基本法的立法工作之前，在预算法中先行制定总额控制的目标、原则、适用期限、实现机制等方面内容对于解决财政支出的扩张问题具有重要的现实意义。基于此，可以考虑在《预算法》的"总则"部分对总额控制的含义、方式、期限等作出原则性规定，尤其是有必要对适应总额控制要求的跨年度支出框架进行设计。一个多年度的控制机制既可以在充分实施的过程中确立一些重要的分界点，从而为政策调整和实现跨年度的预算平衡提供机会，同时也可以防范短期财政控制的失效，审查各种政策法规变化及其对预算分配产生的影响。在《预算法》修订后，国务院颁布了《关于深化预算管理制度改革的决定》，规定"财政部门会同各部门研究编制三年滚动财政规划，对未来三年重大财政收支情况进行分析预测，对规划期内一些重大改革、重要政策和重大项目，研究政策目标、

---

① 俞可平：《论国家治理现代化》，中央编译出版社2014年版，第26～29页。

运行机制和评价办法",这为形成我国的中长期支出框架提供了依据。

第二,总额控制并非仅仅针对某一单项指标,而是包括财政支出总额、财政收入总额、财政收支差额及政府公债在内的,反映财政运行状况的全方位指标。这样做可以避免单项指标对预算行为的扭曲。以赤字控制为例,如果一项财政约束条件限于财政赤字的削减,那么为达此目标,可能迫使当政者通过增加财政收入,而不是削减支出来实现。因此,在《预算法》中有必要对总额控制的具体指标作出全面列举。从国外实践看,主要采取三种指标:一是各项控制要素占国民生产总值的比重,如欧盟《马斯特里赫条约》规定成员国的公共部门债务占 GDP 的比重不得超过 60%,公关部门的预算赤字占 GDP 的比重不超过 3%;二是支出增长率水平,如加拿大的《支出控制法》规定在未来五年时间里将支出增长速度控制在 3%以内的水平;三是依照一定分类标准设定的各类主要支出部分的总额,如瑞典、美国、澳大利亚等国将支出划分为若干类别,分别就各类支出规定预算支出限额。这些总额控制指标并不是对财政支出额度的绝对限制,而是以比例的方式通过综合反映各个控制要素(如收入、支出、债务、赤字等)相互之间及其与宏观经济发展之间的关系,控制财政支出增长的速度与规模。在我国《预算法》上可以首先建立总额控制的指标体系,尔后通过制定专门的中长期控制规则,细化指标内容及其约束机制,在此基础上,形成滚动执行的中长期支出框架。就总额控制的约束力而言,《预算法》可在绝对限制支出增加(意味着强制性约束力)与不限制预算变动(意味着非强制性约束力)之间选择一个折中方案,即允许预算变动,如追加支出,但要求必须通过其他支出项目的削减或者提供其他正当的收入来源作为补偿,以保持预算平衡。

第三,财政支出总额是诸多财政指标中最重要也是最难控制的一环。收入、赤字、公债的增加往往都基于支出增加的需求。要实现财政支出总额的控制应当细化到主要支出项目上,尤其是法定支出项目不能被排除在财政支出总额控制清单之外。对此,《预算法》上有必要设置新增法定支出的预算条件,例如减少其他支出或者增加收入;规定法定支出的绩效评估机制,提升支出绩效水平;更重要的是,建立政策法规成本的预算审查机制,对那些足以改变既定预算安排的政策法规进行成本审查。

第四,根据总额控制机制制定的中长期支出框架不仅对政府的财政支出行为产生制约,而且对可能导致支出增加的立法活动亦会产生影响,尤其是如果允许立法机关在预算执行中通过制定新法而不受限制地改变预算,那么总额控制的目标将难以实现。因此,为平衡立法机关的预算审批权与实现总额控制的目标定位,可以规定由立法机关对财政总额或者中长期支出框架进行表决,以增强立法机关同时肩负总额控制监督者与执行者的角色意识。

(二)绩效预算机制

构建绩效预算机制是一项系统工程,在绩效信息的形成与披露、绩效信息与预算决策的关联、绩效问责等各个环节都有赖于多种制度的协同配合。其中,尤为重要的在于以下几方面。

首先,绩效信息形成环节,应当增强绩效信息的可靠性。这是建立绩效信息与预算决策的关联机制乃至实施绩效问责最基本的事实基础。而要确保绩效信息的可靠性,除了制定绩效评价指标体系之外,更有赖于一套完善的政府会计制度。政府会计是反映政府发生的交易和其他具有财务特征属性的事件,以便说明、阐释这些交易、事件与其结果之间的关系并测定一定的资源数量能否满足公众希望的既定服务水平的工具。绩效信息就是运用一定的评价指标将政府财务会计上反映的资金流向情况与既定的目标任务进行对比后的产物。政府会计制度是否健全直接影响到绩效信息的可靠性,进而决定绩效预算能否成功推行,但我国目前关于政府会计的基础制度、具体准则、报告制度等尚未完全建立,严重制约了绩效信息的可靠性,也就从根本上妨碍了绩效信息在预算决策与绩效问责环节中的运用。

其次,在绩效信息的预算决策运用环节,首先应当将政府会计活动中反映的绩效信息与预算编制中的项目分类联系起来,按项目对支出进行分类,在此基础上使绩效信息对预算分配产生影响。当然,按项目进行的支出分类并不是要替代传统的按功能或经济性质划分的预算支出,正如同绩效预算并不能完全取代传统的预算模式一样,采取这种分类方式的目的是使绩效信息与预算分配产生更为直接的联系。基于此,《预算法》可以在传统的预算分类方式之外,增设按项目分类的内容,同时为避免项目分类产生的跨组织问题(即一个支出项目可能涉及多个部门),导致与按功能分类编制预算的重叠甚至冲突,可以在《预算法》中规定几种分类方式的主次地位——以传统分类方式为主,同时附表说明哪些活动属于跨组织的项目。此外,鉴于绩效信息与预算决策联系的复杂性,不宜在立法中作出强制性规定,可以从绩效信息运用过程的透明度以及公众参与度着手强化对绩效信息运用的监督,从而提高预算决策中绩效信息运用的程度。为此,应当完善预算公开机制,《预算法》应当将绩效信息及预算编制草案(而不是最终审批通过的预算报告)纳入审议前的预算公开范围,使社会公众有机会在正式预算安排通过之前了解上一预算年度财政资金的使用情况,为形成绩效信息基础上的预算决策提供社会监督的前提。完善参与式预算机制,使被动意义上的知悉转变为更具积极意义的主动参与,使社会公众作为绩效信息的重要供给者与预算决策参与者的身份合二为一,从而最大限度地增进绩效信息与预算决策之间的联系。

最后,在绩效信息的问责运用环节,应当注重事前分权与事后负责的有机结合。绩效问责的基本内容是要求政府支出部门兑现其作出的有效完成支出项目的承诺,一旦结果目标不能实现,就需要承担管理责任。因而一个必要的前提条件是赋予支出部门自主运用财政资金的权力,即事前分权,在此基础上,实施以绩效为导向的行政问责制度改革,使财政支出绩效状况成为行政问责的标准,完善行政问责的具体方式。

(三)预算弹性机制

这里的"预算弹性"包括两个层面的内容:一是相对于人大预算审议与预算监督权而言,行政机关拥有的预算执行裁量权,可称为外部的预算弹性;二是相对于政府内部的预算决策权而言,承担具体支出责任的机构拥有的预算执行裁量权,可称为内部的预算弹性。

1. 就外部预算弹性问题而言,《预算法》应当规定人大审议与行政裁量在决定上述变动中的权限,既实现人大对预算执行过程的动态与事前监督,也不妨碍预算执行中所需的弹性。表现在对预算科目流转附加条件,规定超出一定范围的流转活动,包括特定经费的流转、人员经费流入、民生经费流出、经费流转总额达到总支出一定比例等不允许行政裁量决定,而须经人大批准。当然,为提高效率,审议可以由人大内设机构来完成,并且允许对预算方案的修正,而并非仅仅限于批准或否定。扩大预算调整的适用范围,增强人大对预算执行中影响社会公共利益的重大变动实施监督的权力。结合前述的总额控制及中长期支出框架机制来看,对于可能引起分类支出总额(亦被称为次级总额)变动的情形亦应纳入预算调整范围。

2. 就内部预算弹性问题而言,一方面,负责总额控制的预算决策部门,有权削减某些预算开支项目或者阻止政府支出部门的增加开支的要求,从而保证总额控制目标的实现;但另一方面,对各项具体开支拥有决定权与控制责任的政府部门,只要能够确保其在总额范围内使用拨款经费,支出部门就可以拥有支配预算资源的裁量权。由此可见，内部预算弹性与总额控制是紧密联系的两个问题，当规制重心从资金用途——使预算资金用在指定项目上的控制目标，转移到总额控制上时，对项目的支配权力与控制责任亦随之转移到各个支出部门。不仅如此，预算弹性机制与绩效预算以及公私合作预算也具有紧密的关系，绩效预算的重要内容之一便是赋予支出机构使用资金的自由，而公私合作预算同样要求支出机构在推行公共服务市场化供给过程中拥有预算裁量空间。因此，绩效预算与公私合作预算的开展为建立预算弹性机制提供了现实动力。

（四）公私合作预算机制

在公私合作提供公共服务的背景下，预算编制、审批、执行、监督机制也应当进行相应调整以适应实践发展的需要。

在预算编制上，由于公私合作都是围绕特定服务项目展开的，财政资金的拨付以及对财政资金使用绩效的评估、监督与问责亦伴随该项目的实施过程而进行，因此，与公私合作相适应的预算编制应当是在一定目标和规划方案下对特定服务项目的预算收支作出安排，具有明显的结果导向性。这就区别于传统的按部门功能或者经济性质划分的预算支出体系，后者是以投入控制为主要使命。当然，为处理项目预算方式与传统预算分类体系的冲突问题，可以采取在绩效预算法律机制部分提及的方式，将项目预算的相关信息以附表方式加以说明，列在按传统分类体系划分的预算安排之后。这种将预算资金与特定服务项目关联起来的预算编制技术不仅使预算分配更为科学、合理，而且便于人大和社会监督。

在预算审批上，新修订的《预算法》已经明确将"重点支出和重大投资项目的预算安排是否适当"作为各级人大重点审查的内容之一，这从一个侧面印证了改革预算分类体系与预算编制技术，建立以项目为核心的预算分配机制的必要性。但是对这里使用的"重点支出和重大投资项目"的理解一般是与民生保障相关的医疗、教育、就业等支出以及与基础设施建设或者与国民经济发展关系密切的投资性支出，其强调的是支出领域而非支出方式，因此能否覆盖公私合作供给的公共服务项目支出存在疑问。事实上，公私合作不仅产生了项目化预算的编制与管理的需求，而且亦对传统的从部门到部门逐层下拨的支出方式提出了挑战。公私合作将依凭公营部门与私营部门之间的合同机制实现预算资金与服务递送的双向传递，因此，它采取的是一种市场化的支出方式。在这一背景下，预算审批的对象除了项目本身，还应包括项目实施的合同机制（其具体内容又进一步涵盖服务产出、业绩标准等）。基于此，《预算法》的上述规定可以修改为"重点支出、重大投资或服务项目及其实施方式"。

在预算执行及其监督上，应当将财政支出与公共服务供给有机衔接起来，建立资金支持与服务递送动态关联的资金拨付机制。对此《预算法》可作原则规定，并授权财政部制定具体管理细则；同时，为确保公私合作过程中预算活动的公开透明，应当建立相关的财务报告机制，以定期披露公私合作的绩效信息。关于政府财务报告问题，尽管在新修订的《预算法》中规定"各级政府财政部门应当按年度编制以权责发生制为基础的政府综合财务报告，报告政府整体财务状况、运行情况和财政中长期可持续性，报本级人民代表大会常务委员会备案"，但是并未明确规定该财务报告向社会披露。考虑到该财务报告内容的综合性、全面公开相关信息可能产生负面效应等因素，可不强制性要求财务报告的所有信息公开，但是与公众关系密切的公私合作供给公共服务的预算情况，应当公开。公私合作相比于传统的政府垄断服务供给之所以更具优势，是因为其预设的理论前提为它能够更有效地回应公众需求，公众对服务供给过程拥有更多话语权。因此，《预算法》可就公私合作的预算公开问题作出专门规定。

（五）参与式预算机制

从正式立法制度的层面给予参与式预算肯定的立场支持，这是持续推行参与式预算的必要条件。在纳入《预算法》规制之前，应当厘清以下几方面内容：

一是参与式预算的概念。参与式预算应当与一般性的公众参与预算运行过程有所区别。参与式预算就其兴起发展的逻辑基点而言在于直接民主，参与式预算就是公众直接参加预算决策（预算编制及审议）的过程，至于预算执行、预算评估中的公众参与则属于更为宽泛的预算运行过程中的问题，不宜纳入参与式预算这个特定概念范畴进行讨论。换言之，参与式预算特指预算运行周期中决策环节的公众参与。

二是参与式预算的目标设定。这一目标是将各方参与者的个别动机有机整合，形成更有利于社会公共利益实现的行动指引，从而避免将参与式预算简单理解为获取投资项目的工具或者使参与式预算受到人为操纵的风险。一般而言，参与式预算的目标包括三个层次：通过公共学习与民主精神的培育，促进积极公民权的实现；通过改善政策和资源分配，促进社会公正的实现；通过改革权力配置格局，促进公共权力与民间力量的合作。

三是参与式预算的原则。它是反映参与式预算的本质属性并为各方行动者遵循的基本准则，包括：直接参与原则，即公众自己参与预算决策过程而不再局限于通过投票选举代表人间接地参与；平等参与原则，即公众参与者享有平等的参与权利，应当确保参与机会在社会成员中公平分配，尤其是赋予那些没有组织背景、资源匮乏的社会成员参与预算决策的机会，使他们的特定诉求能够通过公共协商的方式获得他人的关注和支持；自愿参与原则，即公众参与基于自主意愿而非外在强制，这是保障参与式预算实现预定目标的关键原则；保持自治性与开放性的参与原则，即公众参与预算决策的过程应当是在一定组织机制（比如参与式预算委员会）基础上独立于立法、行政部门而运行，自主完成预算制定过程，并根据需要进行修正调节，同时整个参与预算的过程应当公开、透明，及时向其他社会公众披露预算的相关信息，确保公众对预算决策进程及预算执行情况的跟踪与监督。

在《预算法》上可以加以规定的内容包括如下方面：

1. 参与式预算的实施方式

实践中参与式预算存在两种基本实施方式：一种是公众直接参与政府预算制定过程，另一种是公众通过基层人大制度参与预算制定过程。前者在体现直接参与的参与式预算原则上更为彻底，但此种实施方式的局限性是参与者容易集中关注投资项目的优先性选择而忽视社区的整体长远利益，因而特别需要强调对参与者的公共精神的培育；此外，公众参与决策的范围一般限于政府已经决定动用的一笔确定数额的资金，就该笔资金的具体用途进行协商，并不包括参与更大范围乃至全部政府预算资金的分配，公众参与的影响力有限；再者，改革试点区以下辖的街道或乡镇为实施主体，还难以推广到区县一级。后一种实施方式尽管在直接参与的程度上较弱，但并不缺乏各种确保民意充分表达的有效机制，并且公众可以较为全面地了解政府部门分配在各个款项上的预算资金安排。这种方式目前在从乡镇一级推广到县市一级的参与式预算实践中得到较多运用。其局限性在于，由于依托人大制度提供参与保障，因而公众参与的程度要受制于人大自身的性质定位。在现有的法律框架下，人大对政府财政预算的介入更多的是编制后的审议，因而，此时的公众参与在严格意义上并不是参与预算本身的制定，而是体现为通过对预算的审议、修正，监督政府对预算的制定。两种模式各有千秋，对于支撑各自运行的相关基础条件也有不同的要求,因而,它们的示范意义是存在客观限制的。对此,《预算法》作为正式制度不宜作强制性的规定,而应通过授权性规定为实践提供多种参与式预算的实施方式。

2. 关于参与式预算的适用层级

参与式预算的适用层级与实施方式具有密切的关系。直接参与预算制定过程的实施方式一般对应于较低的适用层级,通过人大参与预算制定过程的实施方式一般对应于较高的适用层级。对此,《预算法》可以概括性地规定"县市级以下(包括县市级)可以采取参与式预算"。值得注意的是,实践中多选择街道、乡镇作为参与式预算的试点单位,而街道按现有规定并不属于五级预算体制中独立的一级,《预算法》如何协调规范的预算层级与参与式预算实践层级的矛盾,是将参与式预算纳入正式制度层面不可回避的问题。另外,我国在一些地方推行的旨在减少财政层级、弱化乡、地市两级财政功能的"乡财县管"改革,是否与参与式预算的低层级化要求相背离,也亟待作出回应。关于正式的预算层级与参与式预算实践层级的矛盾问题,笔者认为在街道一级实行参与式预算并不违背现有的五级预算体制格局。是不是独立的一级预算单位并不是实行参与式预算的必要条件,关键在于拥有一定的可供自主支配的财政资源,一些地方的社区街道实际上具备这一条件,这也是被选择作为改革试点的原因之一。关于"乡财县管"与参与式预算的关系问题,笔者认为两者的改革目标及针对的问题不同:前者是治理基层财政的不规范行为,后者是发展基层财政预算民主,但实现的途径可能正好相反,即前者更需要限权,后者更需要放权。这表明我国对基层财政制度的改革带有"一事一议"的特点,以解决具体问题为导向。就改革的局部、个体而言,可能是富有成效的,但往往顾此失彼,使改革的整体绩效大打折扣。学者针对"乡财县管"就指出,"尽管改革有利于加强对乡级政府行为的监督,但同时也使乡级政府基本丧失了为辖区内居民自主提供公共产品和服务的能力",[①]显然,在这种改革进路之下几乎不存在推行参与式预算的可能。因此,我国的财政制度改革既需要留足因地制宜的弹性空间,切忌"一刀切"式地将试点经验盲目放大,也需要统筹规划,发挥各项制度的协同效应,避免单一推进过程中出现相互掣肘、互为矛盾的情况。

---

① 杨之刚、马珺、杨志勇等:《财政分权理论与基层公共财政改革》,经济科学出版社2006年版,第175页。

第八章
国家治理法治化与财政法治的完善

一、国家治理理念及其与财政运行过程的契合

"推进国家治理体系和治理能力的现代化",这是十八届三中全会《决定》为中国未来发展之路勾勒的新方向。作为一种20世纪90年代以来在世界范围内广泛传播并付诸实践的政治理论,治理代表了对传统公共权力运行机制进行反思与变革的基本趋势。在主体及其职责方面,治理主张来自政府但又不限于政府的社会公共机构分享传统上属于国家和政府的权力;在实施方式方面,治理主张对于社会和经济问题的解决方案并不限于依赖政府的发号施令或运用强制性力量,而是运用其他新的方法和技术;在实施的正当性依据方面,治理主张获得人们遵从的基础不限于正式制度或规则,也包括各种人们同意或认为符合其利益的非正式制度安排。① 治理理论引入国家重大决策文件,标志着国家拉开了将公共权力运行模式从国家管理向公共管理进而向国家治理转变的大幕。②

如何推进国家治理?十八届三中全会《决定》将财政作为推进国家治理的

---

① 俞可平:《权利政治与公益政治——当代西方政治哲学评析》,社会科学文献出版社2003年版,第131~132页。

② 国家管理、公共管理与国家治理构成公共权力运作的三种模式。所谓国家管理是指由国家作为唯一的管理主体,实行封闭性和单向度管理;公共管理是指国家与各种社会自治组织共同作为管理主体,实行半封闭和单向度的管理;国家治理是指开放的公共管理与广泛的公众参与两种元素的结合,其典型特征是开放性和双向度。参见罗豪才、宋功德:《公域之治的转型——对公共治理与公法互动关系的一种透视》,载《中国法学》2005年第5期。

基础和重要支柱,认为"科学的财税体制是优化资源配置、维护市场统一、促进社会公平、实现国家长治久安的制度保障"。这就从国家治理的高度对财政的作用作了重新阐释。从社会实践来看,通过财政制度建构国家与社会的关系,是衍生特定的国家权力运作形态并推动其不断变迁的基本方式,譬如基于贡纳型财政制度、租金型财政制度、利润型财政制度、税收型财政制度就形成了各具特点的国家与公民的权力—权利结构,①而且一旦在既有模式之下财政收支压力凸显,就会推动财政制度变革,进而建立新的治理模式以满足现实需求。②十八届三中全会《决定》将财政作为国家治理的基础和重要支柱,无疑也是看到了财政在形成权力—权利结构与推动治理模式变迁中的核心作用。从理论逻辑来看,国家治理理念与财政运行过程高度契合,这是发挥财政核心作用的基本前提。

(一)财政活动的参与主体——多元并进

治理主体的多元化特征与财政参与主体的多元并进相一致。财政运行阶段不同,参与主体的类型、数量等也有相应差异。在财政决策环节,一般是政府财政部门、支出机构共同完成预算编制,提交立法机关审议批准,参与主体主要表现为公共权力者。有少量的个人参与的情形,但通常表现为代表公众参与财政决策的、具有一定政治身份的个人,如国会议员或者人大代表。在财政执行环节,普通公众拥有了更多参与的机会,可以通过申请财政信息公开、提起纳税人诉讼以及运用其他开放性的利益表达机制监督财政执行。这一环节中的参与主体类型明显多元化,除了公众个人,一些非政府组织、社会中介机构也以社会监督者的身份参与财政活动,与治理主体的特征契合。

(二)财政主体的行动方式——刚柔并济

治理方式的"恩威兼备"在财政活动中具体表现为财政主体的行动方式刚柔并济。以立法机关对行政机关执行预算行为的控制为例,便凸显出强制性控制与非强制性控制交叉并行、严苛追责与放松监督交替循环的特点。在监

---

① 刘志广:《财政制度变革与现代国家的构建——关于国家治理模式的新政治经济学分析》,载《上海市社会科学界第五届学术年会文集》(2007年度),第100~102页。

② 何帆:《为市场经济立宪:当代中国的财政问题》,今日中国出版社1998年版,第36~37页。

督体系相对完善的美国,其一方面运用柔性指南、威慑劝诫等最低程度的控制方式以获得必要的服从,而非实际禁止行政机关的行为。如针对重新立项问题,由于预算执行中可能存在将预算用于某个项目的部分或全部资金转用于同一个拨款账户或专款中的另一个项目,因此,重新立项就显得非常重要。但在传统观念中,重新立项突破了原有预算的规定,是否支持这一做法存在一定争议。而在美国联邦一级,国会的做法是"通过指导性手段来加以控制,而不是禁止重新立项。指南一般包括以下表述'重新立项可以用于不可预见的事件,但是,只有不会导致额外的支出或者损失时,才能将重新立项推延至下一个预算年度'……这些指南通常以委员会报告的形式加以表述,来传递委员会成员的意图,而不是以真正的立法形式,通过法律来约束这些机构"。① 另一方面,对预算执行的监督控制可能呈现动态循环的特点,"在(对有关执行预算的行为)不满时,立法者可能会对预算执行实行严格的监督,然后就会逐渐失去坚持这种监督的兴趣",减少对执行控制的程度,赋予执行机关广泛的自由裁量权。尔后,一旦发现权力被滥用,再"用增加监督和看管、增强报告的责任感以及以书面形式将附加限制写进委员会报告和法规等形式来加强预算控制"。② 如果由此减少了预算执行自主权并进而影响管理效率的话,则再一次放松对预算执行控制的程度。这种对执行预算行为的灵活控制态度与治理方式多元化的观念契合。

(三)财政主体的行动依据——软硬并举

财政主体的行动依据可谓软硬并举,这是治理规则的综合性在财政活动中的直接反映。财政制度的类型包括四种:③一是财政制度体现在政府声明而不是法律中,例如英国实行的"黄金法则"(golden rule)与"实质性投资法则"(substantial investment rule)就不是以法律形式颁布的,而是作为政府的执政政策;二是在法律中包含原则性的财政制度规定,使政府具备一定的灵

---

① [美]爱伦·鲁宾:《公共预算中的政治:收入与支出,借贷与平衡》,中国人民大学出版社2001年版,第269页。
② [美]爱伦·鲁宾:《公共预算中的政治:收入与支出,借贷与平衡》,中国人民大学出版社2001年版,第283页。
③ 马骏、赵早早:《公共预算:比较研究》,中央编译出版社2011年版,第238~239页。

性与弹性,能够适度调整预期债务水平或财政平衡目标以适应现实发展需要,如新西兰通过的《财政责任法案》规定了总额控制原则,要求将总债务降低到审慎水平、将总支出限制在总收入水平内等;三是财政制度体现在某一时期的法律中,规则本身具有强制性但同时又有一定期限,形成规则的阶段性调整,如美国在1985年和1990年分别制定了两部法律来控制联邦赤字,1985年的《平衡预算法案》设定了在1986—1990年削减赤字并在1990年实现预算平衡的目标,但是没有实现,进而在1990年的《预算执行法案》中不再笼统规定赤字上限,而是针对不同的支出类型作出程度不同的限制,如对自由裁量支出限制较严,而对法律强制性支出则设定了现收现付的要求,只要能够确保新增支出的来源或者减少其他项目支出,实现收支平衡就可获得支持;四是在长期的法律中包含财政制度,如德国宪法中规定从借债中获得的收入不应超过预算中的总投资,西班牙制定的《预算稳定一般法案》要求各级政府根据滚动的中期预算框架及其设定的预算稳定目标来准备预算草案。由此可见,财政主体的行动依据包括非正式制度和正式制度。当然制度本身的约束力与制度类型之间并不具有必然的逻辑关系,一些固定的、看似强硬的财政制度并不具有实质的约束力,相反,一些动态的、看似柔性的财政制度却能有效约束政府的财政行动。这正好契合了治理理念所强调的规范依据综合性的特点。

二、国家治理法治化的必要性分析

实现国家治理的核心是要对公共权力运行方式进行调整,但是对公共权力的约束与对公民权利的保障仍然是治道变革时代所必须遵循的准则,也就是说,治理离不开法治,应当依法进行。中共十八大报告"坚持走中国特色社会主义政治发展道路和推进政治体制改革"部分明确指出,应当"更加注重发挥法治在国家治理和社会管理中的重要作用,维护国家法制统一、尊严、权威,保证人民依法享有广泛权利和自由";"全面推进依法治国,法治是治国理政的基本方式"。这些论述表明国家的一切活动,包括国家的治理,都应当在法治范围内进行,国家治理应当实现法治化。特别是当治理失效时,更需要发挥法治的作用。

治理主体面临的一个中心任务就是通过谈判和协商调整既有政策目标,

而如果"有关各方对原定目标是否依然有效发生争议而未能重新界定目标",①或者在目标定位上发生分歧,或者虽就目标达成共识但是具体实施过程未能实现抑或偏离了预定目标,都可能导致治理失效。治理失效的典型例证便是将市场机制引入财政活动之后出现的政府职责不清、权力滥用与监管缺位的问题。如政府采购公共服务的政策初衷是利用市场机制改革公共服务供给方式,降低公共服务供给成本,实现公共服务供给均等化,但结果可能是不仅没有减轻财政负担,相反出现服务质量下降、受益地区或人群范围被区别对待、采购项目与公众实际需求差距较大等弊端。财政领域中的治理失效折射出公共权力运行过程中存在的普遍性问题,因此通过采取法治手段,解决财政领域的治理失效问题,可以为进一步完善公共权力一般运行机制提供有益思路。

三、实现国家治理有赖于财政立宪制度确定国家治理的行动边界

国家治理无论在具体方式上如何变迁,在本质上都属于公共权力的运作形态。诸如合同外包、政府采购、政府协议、混合契约、凭单制、政府担保等被公认为当代公共服务民营化的代表措施,同时也是国家治理的典型方式,而这些措施或方式都无法改变其背后公共权力运用的实质。因而在采取具体治理行动之前,首先应当解决的一个前设性问题是这项事务是否属于公共权力有必要介入的范畴,如果将市场调节可以解决的问题纳入政府职能范围,就会造成权力越位;在确定属于公共权力介入范畴的前提下,进一步明确是否能够采取合作、协商、市场化等治理方式,确定各种治理方式的适用条件以及可能存在的实施成本乃至社会风险。基于此,国家治理的行动边界,包括国家相对于市场而言的权力边界与各种治理方式相互之间的适用边界,两方面问题都有赖于法治化的手段予以明确。实现的途径是在针对各种具体治理方式的规则之上制定更具一般性、普适性的制度。从财政的角度来看,这种一般性、普适性的法治化进程就是财政立宪。

所谓财政立宪,是一种与特定"周期"内制定具体财政规则完全不同的决

---

① 俞可平主编:《治理与善治》,社会科学文献出版社2000年版,第7页。

策过程,它是对适用于无限期未来的财政规则作出的总体安排。由于规则可能适用的周期被无限拉长,因此参与者对自身的未来处境无法确定,这就如同处于一个"无知之幕"的决策环境中,参与者更有可能达成一个对社会长远有益而不是仅仅满足个体短期私利的立宪契约。在财政立宪主义者看来,缺乏立宪选择下的财政安排是"周期内"的、规则之下的选择,是针对一时一地的具体问题作出决定,这种决定方式不会考虑未来各个期间的总体成本和收益,导致当期的财政支出规模扩张,形成所谓"民主的赤字"现象,而且公共选择的参加者都具有与从事经济活动相同的利己动机,不能将实现公共产品最优供给的目标寄希望于一个收入最大化的官僚政府。① 唯有将财政立宪作为半永久性或长期性的社会结构特征,以阻止个人和集团包括政治家们热衷于考虑操纵基本的财政制度以实现短期目标的可能性,才符合社会整体的长远利益。②

  财政立宪制度如何建立?可以采取财政基本法的形式首先规定国家与市场的边界,在此基础上针对属于公共权力范畴内的公共事务,规定财政活动——征税、预算、支出等应当遵循的基本原则,并对征税的税基、税率、税额占国民收入的比例等作出限制,控制政府的预算规模,约束政府的征税权与支出权。其次,是对各种治理方式的类型及其适用边界作出原则规定,例如财政领域的治理方式既包括通过提供政府采购的专项财政资金,实现公共服务提供者与生产者的分离(体现预算执行环节的合作治理),也包括就受财政资助的项目的优先性问题邀请公众参与决策(体现预算决策环节的合作治理)。考虑在预算执行环节引入治理方式的,应当就比较政府内部生产与外部购买的成本差异,确保公私部门成本核算的真实性作出原则规定。考虑在预算决策环节引入治理方式的,应当就各种分权程度不同的参与——分享式参与、协商式参与、咨询式参与及其适用标准作出规定:一般而言,预算事项期望得到公众认可的程度越高,就越适宜采取分权程度较高的参与类型,如分享式参与;或者是根据预算决策事项本身的性质及内容进行判断,与公众利益直接关联度高的预算事项具有更大的参与可能,而那些直接关联度低的预算事项,例如一般公共服务(国防、外交等),公众参与的空间就较小,可以采取咨询式参与。

---

  ① [澳]布伦南、[美]布坎南:《宪政经济学》,冯克利等译,中国社会科学出版社 2004 年版,第 22~33 页。

  ② [美]布坎南:《民主财政论》,穆怀朋译,商务印书馆 1993 年版,第 133 页。

四、实现国家治理有赖于财政分权制度厘清国家治理的主体体系

要实现国家治理,离不开多元化的治理主体。如果说财政立宪旨在为确定国家与市场的边界提供一般性规则,那么财政分权制度就重在解决不同层级的政府内部如何分权的问题。所谓财政分权就是解决一国政府间财政关系问题、划分不同级次间政府收支范围并配置相应权限的基本制度。财政分权是建立权责明晰的政府主体所不可或缺的制度支撑。而治理实施过程中可能存在的一个问题就是参与者之间权责模糊,甚至责任缺失。财政分权制度通过构建拥有不同收支权限的政府主体体系,明晰政府间的财政关系,为推动国家治理的实现创造条件。

财政分权制度的主要内容包括两个方面:

1. 对政府间事权的划分作出明确规定

在财政学理论上,政府履行职能的权力被称为事权,政府的支出事权即政府履行其职能,提供公共产品或公共服务的职权。目前,政府间支出事权划分要解决的核心问题,就是如何在政府间恰当地划分民生保障责任,明确界定适宜于由中央政府、地方各层级政府分别承担及共同承担的民生事权范围。相对于国防、外交、国家安全等一般公共产品而言,直接关乎公众民生的公共产品具有特殊性。前者基于其受众范围的广泛性、受益标准的非排他性、受益程度的无差别性等特点而可确定归属于中央政府的事权范围,后者则更偏向于准公共产品,具有一定竞争性和排他性特点,在事权划分上既存在实行较高程度的集权模式的必要性,亦存在实行较高程度的分权模式的合理理由。基于此,有必要重点解决民生类公共产品或公共服务的事权分担问题,并将之纳入财政收支划分法律体系中,通过法治手段加以解决。具体而言,具有更强的收入分配性质、需要全国统一标准、涉及普遍性生活质量问题的社会保障,尤其是养老保障被纳入中央政府的事权范围;对地方社区居民生活有直接影响的卫生、住宅等事权交由层级较低的政府承担;教育一般作为各级财政共同承担的支出项目。

2. 构建地方政府事权自主的法律保障机制

事权自主是财政自主的重要组成部分,是地方政府自主安排预算支出、履

行法定职责的体现,但在实践中往往因地方财力配备不足、上级政府不正当地干涉以及履行职责过程中相关法律依据缺失的问题而受到影响,从而陷入"上级挤下级、下级求上级"的恶性循环的怪圈,导致事权划分失去意义。因此,构建地方政府事权自主的法律保障机制,对于确保法律规定的事权划分格局真正付诸实施具有重要的现实意义。这一机制包括的内容有:基层政府财力配备机制,扩大基层财政的收入来源,规范地方税与地方债;上级政府非正当干涉行为的约束机制,事权划分一旦确定,应当保持其一定时期的稳定性,避免因为上级政府对下级政府非正当干涉额外增加下级政府的事权负担,确保事权调整的正当性,确定事权调整的权力和程序;事权行使中的授权机制,赋予地方在事权行使过程中的自主权,为地方因地制宜地组织公共服务供给与进行地方制度创新提供必要的法律授权;财政转移支付机制,细化财政转移支付的适用范围、适用条件、支付程序、支付额度标准、管理机构等方面的规定。

五、实现国家治理有赖于财政管理问责制度强化国家治理的监督救济

国家治理失效不仅可能基于事前各方参与主体的职责模糊,还可能源自事后对参与各方监督救济的缺失,因此,克服治理失效应当为利益相关者提供监督与救济的通道。在财政领域,基于公共服务提供者、具体生产者、公众接受者、其他社会组织等多元主体共同参与治理,在财政资金的使用上,打破了传统的单方面、直接向受益主体支付的方式,引入了合同(如政府采购)、激励(如财政补贴)、凭单(如食品券)等手段,因此,在财政管理问责制度上也应当针对多元合作治理格局采取新的措施,使监督与救济不因治理而弱化,这对解决一般公共权力运行中因监督与救济不力造成的治理失效问题提供了有益思路。

财政管理问责制度的主要内容包括:(1)财政资金拨付制度。通过制定规范合理的付款条件、付款方式、付款程序,在付款活动与公共服务的具体递送之间建立直接、紧密的关联,使付款活动成为监督合作者生产业务的重要环节。在具体操作中,"政府组织可以根据相关项目的规划建设进程,设立资金

的动态给付计划,实现资金给付与项目进展和实际服务提供之间的均衡",①一旦发现在资金给付与预期项目进展之间存在差距,就应当启动风险预警机制,防范因合作治理带来公共服务中断的问题。(2)财政资金使用的预算管理与报告制度。实践中,采取治理方式使用财政资金有可能不受预算约束,这与治理过程中赋予政府资金使用的自由以提高支出效率有关。"但是,如果这样的做法会导致无法进行支出控制或者资源配置的低效率,那就是得不偿失的。对于那些根据特殊程序或者制度安排进行管理的支出,对于它们的审查标准和问责要求绝不能比预算内支出低。"②鉴于此,最理想的做法是改进预算程序或者对这些活动设置特殊的预算程序,而不是将这些活动置于预算之外,以加强支出控制,提高资源配置效率和运作效率;次之的选择是通过定期审计,将财政资金使用纳入监督范围;再次,是最低度的管理原则要求,即拟定并披露财政资金使用报告,这些报告可以与支出预算一并提交并接受审查监督。(3)财政问责制度。首先是确定问责的标准。在治理的背景下,问责的标准不能局限于合法性,还应当将回应性、有效性标准纳入进来。在人们提出的针对治理失效的"元治理"或"善治"理论中,便包含回应性(responsiveness)、有效性(effectiveness)元素。回应性要求"公共管理人员和管理机构必须对公民的要求做出及时的和负责的反应,不得无故拖延或没有下文。在必要时还应当定期地、主动地向公民征询意见、解释政策和回答问题";有效性强调降低管理成本,确保管理程序科学、管理活动灵活。③ 基于此,作为治理主体的政府,不能仅仅依据明确的立法规定判断其行为的正当性,如果其在实施治理过程中未能保障公共服务质量或者满足最急需人群的基本生活需求,即使未出现直接违反法律法规明确规定的行为,也应当承担责任。其次是确定问责的程序。治理背景下的财政行为往往不会对特定主体的权利义务产生直接影响,如政府购买公共服务,接受服务者的范围极其广泛,囿于"集体行动的困境",很难有特定主体愿意付出问责的成本代价而主动启动问责程序,或者即使对特定主体产生直接影响,但治理方式本身的柔性化、非强制性特征也往往难以认定行为本身的不当性。尽管如此,追求公共利益最大化是治理的根本目标所在,

---

① 敬乂嘉:《合作治理——再造公共服务的逻辑》,天津人民出版社2009年版,第119页。

② 马骏、赵早早:《公共预算:比较研究》,中央编译出版社2011年版,第60页。

③ 俞可平:《治理与善治》,社会科学文献出版社2001年版,第10~11页。

如果治理行动有损公共利益的实现,那么,可以通过建立相关公益诉讼的方式,赋予社会公益团体、组织或者社会公众提起公益诉讼的资格。值得注意的是,现有法律中涉及公益诉讼的有限规定主要是针对市场主体的行为,而直接针对公共权力运行提起公益诉讼的规范依据阙如,因此,建立财政领域的公益诉讼恰恰可以为构建针对一般公共权力的行政公益诉讼打开突破口。(4)财政救济制度。提供救济是治理的合法性、责任性、回应性、有效性等要素衍生的必然要求。为此,除了通过前述公益诉讼程序在维护公共利益的同时实现对个体权利的救济之外,还应当转变救济观念,采取一些新型的救济措施。法律的救济不应狭隘地理解为一种消极的、事后的、个案式争端解决的产物,而可以宽泛地将新的监督方式、新的提高判决透明度的途径、新的组织单位、新的权威结构以及新的动机等作为改善权利实现的社会模式或制度安排,从而纳入特有的救济措施的范畴。在财政领域的治理格局中,个体社会成员将与己利益直接相关的财政行为(如直接给付)起诉到司法机关,固然是一种救济的方式,而提高财政治理的透明度,扩展公众参与预算决策的范围,建立相对独立于公共服务提供者、具体生产者与公众的第四方监督机制,弥补治理监督中专业性、激励性不强的弊端,都可视为具有实用价值的救济方式。

图书在版编目(CIP)数据

推进国家治理现代化背景下财政法治热点问题研究 /陈治著. —厦门：厦门大学出版社，2015.4
(西南政法大学经济法学系列/李昌麒、张怡主编)
ISBN 978-7-5615-5504-0

Ⅰ.①推… Ⅱ.①陈… Ⅲ.①财政法-研究-中国 Ⅳ.①D922.204

中国版本图书馆CIP数据核字(2015)第084378号

官方合作网络销售商：

厦门大学出版社出版发行

(地址：厦门市软件园二期望海路39号　邮编：361008)
总 编 办 电话：0592-2182177　传真：0592-2181253
营销中心电话：0592-2184458　传真：0592-2181365
网址：http://www.xmupress.com
邮箱：xmup @ xmupress.com

三明市华光印务有限公司印刷

2015年4月第1版　2015年4月第1次印刷
开本：720×970　1/16　印张：9.5　插页：2
字数：162千字　印数：1～1 200册
定价：38.00元

本书如有印装质量问题请直接寄承印厂调换